中学受験

論述でおぼえる最強の社会

改訂4版

長谷川　智也・著

改訂４版はじめに

お陰様で約２年に一度くらいのペースで改訂できております。これもこの本の「論述でおぼえる」というコンセプトが時代にあっているからだと思います。また、僕のポリシーである詰め込み型教育の否定も、拙ブログ（お受験ブルーズ）などで、多くのご支持をいただいています。

大学共通テストが始まり、時代はさらに「論述」ができる人間を求めるようになっています。いくら知識を単語的に覚えても、使えなければ意味がないことであり、使って「自分で」文章を考える訓練が不可欠な時代に入ってきました。

中学受験もその大学受験の変化を受けて、大きな変化の兆しを見せています。また、少子化にも関わらず、中学受験の有効性が認知され、その全体的な人数が増えて競争率も高まっています。ますます、論述を扱うことの重要性は増していくことでしょう。

そのうえで、本書のように、ある程度の論述の「型」を中学受験生の時分に入れることは、非常に意義深く、学習効果が高いことです。このことは、僕自身も自分の指導の中で実感しています。

今後、上位層だけでなく、成績中間層の子たちにもこの本は有効性を増し、上位を狙うのに大きな力となることと思います。また、暗記などの詰め込み型記憶法では、学問の本質に迫ることができず成績もあがらないばかりか、勉強の「楽しさ」も減じてしまいます。

「なぜ」と考えることは、本来、好奇心を刺激し楽しいことであり、辛い受験勉強のしんどさを緩和してくれることにもなるでしょう。

この本が、すべての受験生の力になれることを及ばずながらお祈りいたします。

2020年3月吉日

長谷川　智也

初版はじめに

『論述でおぼえる最強の理科』が出て、多くの方からご好評いただき、社会版のリクエストを受けました。この本の「論述でおぼえる」というコンセプトは中学受験社会にプラスに働くばかりか、大学受験まで見据えた場合に、多くのメリットを与えてくれるでしょう。

現在、成績が下位に低迷している方でも、劇的な効果があるかもしれません。このような切り口の問題集は他にないからです。

やはり、中学受験の社会は難しいです。どういうところが難しいかといいますと、

・おぼえる範囲が地理、歴史、公民と多岐にわたる。
・知識量が多い。

という点が挙げられます。大学受験ならば３科目４科目になろうかという内容を、中学受験では社会として、１教科で扱います。しかも、理社は算国に比べ点数の比重が低く、そんなに時間がかけられない、という面もあります。でもやらなければ、やはり合格への道が遠くなってしまうため、悩ん

でいる方も多いと思います。

社会はどうしても丸暗記でいかなくてはいけない部分もありますが、中学受験で名門校と呼ばれる中学がこぞって出題するのは、「暗記だけ」では無理な形式の問題です。また、将来的に見ても、国立の大学受験などは論述が主であり、丸暗記で通用することは少ないと言えます。

社会に出てからも、暗記だけで育ってきた子と、自分でいろいろと考えるようにしてきた子では違いも出てくるでしょう。そういうところまで僕は想定してこの本を書いています。

「なぜ」を考える事が大事です。算国理もそうですが、社会も同じです。

この問題集は、単なる丸おぼえから脱することができるだけでなく、特に以下のような中学校の入学試験対策に適しています。

＜論述や理由を問う問題が出やすい学校＞

桜蔭、開成中、麻布中、駒場東邦中、渋谷教育学園渋谷中、海城中、暁星中、早稲田実業学校中等部、早稲田中、慶應義塾普通部、慶應義塾湘南藤沢中、女子学院中、普連土学園中、浦和明の星女子中、東京学芸大学附系、お茶の水女子大学附、湘南白百合学園中、横浜共立学園中、フェリス女学院中、浅野中、渋谷教育学園幕張中、桐朋中、ラ・サール中、穎明館中、麗澤中など

適当に列挙したので、順番がめちゃくちゃですが、名だたる名門校ばかりであることがわかると思います。もちろん、他にもたくさんの学校で出ています。社会の場合は特に国立系の学校、早慶付属などでよく出ていると言えます。理科よりも論述が出る学校は多い印象です。

難しそうに思いますが、結局は、丸おぼえに走るより、理由などを知ったほうが、勉強自体も楽しめると思います。

この本は中学受験社会の主だったすべてのよく出る内容を網羅し、プラスアルファの知識も入っています。「へぇー、そうなんだぁ」くらいの軽い気持ちで眺めてくださるだけで、効果があると思います。

<この本の使い方>

この問題集は、前著『算数単語帳』の流れを受け、

・右ページに問題、めくると解答

という形になっています。考えてわからなければ、めくって答えを見てください。

もちろん文章は一字一句まで同じにする必要はありませんし、文章がイマイチわからない場合は、インターネットで調べてもらうのがよいと思います。

それでは、論述でどんどん社会をおぼえてしまいましょう。『論述でおぼえる最強の理科』もありますので、あわせてよろしくお願いします。

2011年8月

長谷川　智也

目次

第1章

☆地理分野

農業、水産業、林業

問　次の問題を文章で答えなさい。

1.　近年、外国人労働者の新在留資格「特定技能」が新設され、外国人の日本在留を積極的に認めようとする動きがあります。これはなぜですか。

2.　捕鯨は、絶滅危惧種のクジラを捕獲することになり、国際社会からの批判があるにもかかわらず、日本が捕鯨を継続しようとするのはなぜですか。。

3.　近年、インターネットや直売所などで、販売する農家が増えているのはなぜですか。消費者側と生産者側からの利点をあげなさい。

4.　水田による稲作で、連作障害（同じ土地に同じ作物を作り続けると収穫が落ちる）が生じにくいのはなぜですか。

1. 日本国内の人口減少に伴う深刻な人手不足を補うため。

2. 日本は伝統的に鯨肉を食べてきた歴史があるので。
   →日本の捕鯨は名目上調査捕鯨であり、IWC（国際捕鯨委員会）から脱退しましたが、資源管理をしながら捕鯨を続けているというアピールを国際社会に対して行っています。

3. 消費者側
   ・生産者の顔がわかり、安心感があるから。
   ・農協を通したものより安く買えるから。
   生産者側
   ・普段よりも高く売ることができ、利益が多いから。
   ・消費者の反応が見え、生産の改善などに役立つから。
   （生産意欲が増す、などでも可）

4. 水田は水を毎年入れ替え、そのたびに養分が補充されるから。

5. 宮崎平野や高知平野では、作物がとれる夏でもビニールハウスの中には作物はありません。これはなぜですか。

（桜蔭中）

6. 石油の価格が上昇すると、野菜の価格も影響を受けることがあるのはなぜですか。（２つ）

7. 2006年に新たな地図記号として老人ホームができました。これはどのような社会情勢によるものですか。

8. 日本で農業の大規模化が進んでいるのはなぜですか。

9. 埼玉県や千葉県などで近郊農業が発達するのはなぜですか。

10. 高知平野や宮崎平野などで促成栽培が行われるのは、どのような利点があるからですか。（文京学院大学女子中）

5.　宮崎平野や高知平野では、促成栽培などで出荷時期をずらしたほうが作物が高く売れ、利益が多くあがるから。

6.　①ビニールハウスの促成栽培などで、ハウス内を暖める暖房費がかさむようになるので。
②消費地まで野菜などの作物を運ぶ際の輸送費も多くかかるようになるので。

7.　高齢化が進む中で、老人ホームの重要性が高まっており、その数も増えているので。

8.　農業に従事する人が高齢化し、後継者不足のため、会社などを作って効率を上げ、作業労働時間を減らしたり、コストを下げたりして、農業生産を改善する必要があるから。

9.　大消費地である、大都市が近いため。

10.　その作物が多く出回る時期をずらすことによって、作物を高く売ることができるから。

11. 1980年代半ばから、農作物の輸入が増えたのはなぜですか。

12. 香川用水や安積疏水などの地域で用水が発達したのはなぜですか。

13. 農家数がここ50年ほどで半数になったのはなぜですか。

14. 兼業農家が増えているのはなぜですか。

15. 食料自給率が2000年代以降、下がっているのはなぜですか。（早稲田実業学校中）

16. 1999年より有機JASマークができました。これにはどのような時代背景がありますか。

17. 銚子沖や八戸沖の潮目が、よい漁場となるのはなぜですか。

11. 外国産のほうが安いうえ、冷凍技術が進歩し、鮮度を保ったまま輸送することができるようになったから。

12. 降水量が少ない地域で作物を作るため、近くの川や湖から農業用水を引いてきたから。

13. 後継者となる若者が都会に流出してしまったため。

14. 零細農家であるため、農業だけでは暮らしていけないから。

15. 外国産の安い農作物が大量に輸入されるようになってきたから。

16. 安全な食料を求める傾向が強まってきたから。

17. 暖流と寒流がぶつかって、上昇海流が発生し、海底の栄養分がまきあげられ、その栄養分をえさとするプランクトンが増える。すると、そのプランクトンを食べる魚が増えるため。

18. 大陸棚とよばれる水深 200 m までの海が、よい漁場となるのはなぜですか。

19. 1970 年代、遠洋漁業が急激に減少したのはなぜですか。
（聖心女子学院中）

20. 1977 年から、日本の漁場はせばめられました。それはなぜですか。

21. 赤潮が発生すると、大量に魚が死んでしまうのはなぜですか。

22. 1989 年以降、沖合漁業の漁獲量が大幅に減ったのはなぜですか。

23. 養殖漁業が他の漁業に比べて収入が安定しているのはなぜですか。

18. 川が養分を運んでくるため、魚のえさとなるプランクトンが豊富にあるので。

19. 石油危機によって、船の燃料が値上がりしたので。

20. 排他的経済水域が決められ、領海をのぞく自国の沿岸から、200 海里の水域内でしか漁業ができなくなったため。

21. プランクトンが大量に増えたことで、水中の酸素を使ってしまい、魚が窒息してしまうので。

22. 近海でイワシの漁獲量が減少したため。

23. 計画的に生産でき、価格の高いときにあわせて出荷できるため。

24. タイやインドネシアなどの国では日本に向けたエビなどを養殖していて、近年これが問題になっています。それはなぜですか。（２つ）

25. 宮城県の気仙沼湾などではカキの養殖がさかんです。なぜですか。

26. 1960 年代あたりから、宮城県の気仙沼湾ではカキの成長が悪くなりました。なぜですか。

27. 漁師さんたちは、自分の漁場に流れている川の上流に広葉樹を植えることがあります。これはなぜですか。（２つ）

（森村学園中）

28. 山形県や鳥取県などで風車を使った風力発電が行われています。このような発電方法が最近注目されているのはなぜですか。（２つ）

24.　①現地では食べないエビを養殖させることになるから。
②養殖するために、現地のマングローブ林を伐採することになるから。

25.　この周辺はリアス式海岸で、波が静かであり、また周囲の山々から海に栄養分が流れ込んでくるから。

26.　周囲の人口がふえ、生活排水や工場排水が流れ込み、海が汚れたから。

27.　①広葉樹は大量の落ち葉を出し、その落ち葉が腐って栄養分となり、川に流れ込むため。
②雨水がろ過されて水がきれいになり、その水が海に流れ込むため。

28.　①石油や石炭を燃やす火力発電では資源の量に限りがある上、燃やすと地球環境に有害な物質ができてしまうため。
②自然エネルギーだと、エネルギー源がつきず、それまで設備のなかったところでも発電が行えるため。

29. 森林が緑のダムとよばれるのはなぜですか。

30. 水を蓄えたり、土砂崩れを防ぐためにはスギやヒノキなどの針葉樹林よりも、ブナやカシ、シイのような広葉樹林を植える方がよいのはなぜですか。

31. 林業で木を育てるとき、枝うちをして下枝を切り落とすのはなぜですか。

32. 林業で木を育てるとき、間伐をして生長の悪い木を切るのはなぜですか。

33. 林業が後継者不足なのはなぜですか。

34. 近頃では、世界的にみて天然の魚介類の数量が減少していますが、その主な原因はなんですか。（２つ）　（学習院中）

29. 雨や雪などの降水をいったん蓄え、少しずつ川などに流れ込むようになっているから。

30. 針葉樹林よりも広葉樹林の方が地中広くに根を張るので。

31. 節のない木材をつくるため。

32. 日当たりをよくし、残った木の生長をよくするため。

33. きびしい仕事のわりに、収入が少ないから。

34. ①公海などで、乱獲が世界中で行われているので。
②世界的に異常気象が多いので。

35. 現在、日本の森林面積のうち人工林は40%をしめ、そのうち伐採可能な樹齢の人工林面積は20%あり、森林資源を利用する段階を迎えているといえます。しかし、国産の木材の利用は進んでおらず、木材は外国から輸入しています。これはなぜですか。（2つ）　（立教新座中、実践女子学園中）

36. 豊作貧乏になるのはなぜですか。
（鷗友学園女子中・改、大妻多摩中）

37. コメの自給率が高いのはなぜですか。　（カリタス女子中）

38. 1977年、なぜ排他的経済水域が定められたのですか。
（聖心女子学院中）

39. 日本最南端の沖ノ鳥島は満潮時に岩がかろうじてのこる程度の島でしたが、1980年代後半から島のまわりにコンクリートを流し、波があたらないような工事をしました。これはなぜですか。　（聖ヨゼフ学園中）

35. ①木材の値段が安いから。
②日本の森林は山間部にあり、運び出しにくいので。

36. 作物が豊作になりすぎると、単価が下がり、ダンボールや輸送費などの経費の方が高くなって、もうからなくなるので。

37. 高い関税をかけて、外国からのコメの価格が高くなっているので。

38. 水産資源や海底鉱物資源は誰のものでもなく、早くとったもの勝ちであり、とりあいになってしまうので。

39. 沖ノ鳥島を中心として、半径 200 海里（約 370km）の範囲の経済水域が失われてしまうので。

40. 日本の耕地面積は20世紀後半に大きく減少していますが、人口は同じ時期に増え続けています。耕地面積の減少によって穀物の生産量が減少したにも関わらず、人口が増え続けることができたのはなぜですか。（2つ）（東京女学館中）

41. 宮崎県で作ったキュウリが遠く離れた東京や北海道にも出荷できるのはなぜですか。（文京学院大学女子中）

42. 1970年代から1995年まで、サケの漁獲量は増加しています。これはなぜですか。（東邦大学付属東邦中）

43. TPP（環太平洋パートナーシップ協定）に参加するのを嫌がる農家があるのはなぜですか。

40. ①海外から穀物が輸入できたので。
②農業の技術が向上し、単位面積当たりの生産量があがったので。

41. 輸送技術や冷凍（冷蔵）技術が進歩したため。

42. 稚魚の放流を積極的に行ったから。

43. 外国の品物が安く手に入り、それを生産する人たちにとっては強力な競争相手が増えることになるから。

☆地理分野

工業

44. 日本が「資源の博物館」と呼ばれることがあるのはなぜですか。

45. 近年、日本では、高い技術力が求められる製品を多く輸出するようになりました。これはなぜですか。（学芸大学竹早）

46. 石油危機以降、石炭が見直されました。それはなぜですか。（3つ）

47. わたしたちの生活や産業が中東の国々の情勢に左右されやすいのはなぜですか。

48. 日本が鹿児島市の喜入、長崎県の上五島や青森県むつ小川原などに石油備蓄基地を作っているのは、なぜですか。

44.　資源の種類が多く、見られない鉱物は少ないが、産出量が少ないから。

45.　人件費が安いアジア諸国で工業化が進み、安価な工業製品が多く輸出されるようになったので、国際競争に勝っていくためにはより高い技術力を活かした付加価値の高い製品を出さなければならなくなったから。

46.　①今後まだ 100 年はとり続けられるから。
②石油と違い、輸入先が偏らず、安定して確保できるから。
③石炭を利用する技術が進歩したから。

47.　日本はエネルギーの約 4 割を石油に頼っており、その石油は 90%ちかくが中東からの輸入なので。

48.　石油の輸入が止まってもすぐには困らないようにするため。

49. 天然ガスが近年、火力発電や都市ガスとしてだけではなく、自動車などの燃料としても注目されているのはなぜですか。

50. 風力発電や太陽光発電など、環境を壊さない自然エネルギーが発電の中心になれないのはなぜですか。

51. 原子力発電が近年増えてきたのは、なぜですか。（２つ）

＊東日本大震災以前の問題です。（香蘭女学校中）

52. 自動車工場などでジャストインタイム方式がとられるのはなぜですか。

53. 日本でアルミニウムの生産がごくわずかなのはなぜですか。

54. 石油コンビナートや工業地域が臨海部に発達しているのはなぜですか。（３つ）　　（玉川聖学院中）

49. 天然ガスは燃やしても、石油や石炭ほど有害な物質を出さないので。

50. 自然条件に左右されやすく、また大規模な発電はできないため。

51. ①少ない燃料で長い時間発電することができるため。
②地球温暖化の原因となる二酸化炭素を出さないため。

52. 関連工場から組立工場に必要なときに必要な数だけ部品を運び込むことができ、部品の作りすぎによる無駄をなくすことができるので。

53. アルミニウムの生産には大量の電気が必要であるため。
→静岡県に日本で唯一のアルミニウム精錬工場がありましたが、2014 年３月に閉鎖になってしまいました。

54. ①石油などの原材料の輸入に便利だから。
②製品の輸出に便利だから。
③海の近くには都市が多く、工場で働く人が通いやすいから。

55. 1980年代から2000年代初頭にかけて主に軽工業などの工場が中国や東南アジアに移動したのはなぜですか。

（穎明館中）

56. 1980年代に比べ伝統的工芸品の生産額が3分の1ほどに減ったのはなぜですか。（3つ）

（大妻多摩中）

57. 製鉄所のまわりに森が作られるのはなぜですか。

58. 中京工業地帯で機械工業が多くなっているのはなぜですか。

59. 北九州工業地帯が、工業地域としてとらえられるようになったのはなぜですか。

55.　働く人の給与（人件費）が安いので。

56.　①工場などで生産された安い製品が出回るようになったので。
②伝統工業を受け継ぐには、長い間技術を磨く修行が必要で、それを希望する若者が少ないから。
③農業や林業の衰退により、生産地の周辺で原材料が手に入りにくくなったので。

57.　鉄鋼の生産ではコークス（石炭）を使うので二酸化炭素が大量に出るため。

58.　豊田市の自動車産業があるから。

59.　全国の工業生産額に占める割合が３％となり、後からできた他の工業地域に追い抜かれてしまったので。

60. 1955年から1973年の高度経済成長期に、公害が発生するようになったのはなぜですか。

61. 4大公害病の一つ、水俣病が起こったのはなぜですか。

62. 水俣市で、公害の原因が工業廃水にあるとわかっても、住民がなかなか会社の責任を問わなかったのはなぜですか。

63. 4大公害病の一つ、イタイイタイ病が発生したのはなぜですか。 （東京学芸大学附属世田谷中）

64. 4大公害病の一つ、四日市ぜんそくが発生したのはなぜですか。

65. 4大公害病の一つ、新潟県阿賀野川流域で新潟水俣病が起こったのはなぜですか。 （共立女子第二中）

66. 東京や大阪などで地盤沈下が起こったのはなぜですか。

60. 当時は、重化学工業の工業生産をあげて、大量生産による利益を増やすことが第一に考えられ、人々の安全や健康はそれほど重視されなかったので。

61. 化学工場の有機水銀に魚が汚染され、その魚を人々が食べたので。

62. 水俣市は企業城下町であり、住民のほとんどが汚染した側の化学工場の関係者だったから。

63. 神通川上流の神岡鉱山からカドミウムが流れ出たので。

64. 四日市市の石油化学コンビナートの煙に二酸化硫黄（亜硫酸ガス）が含まれていたため。

65. 工場排水に含まれる、有機水銀のため。

66. 工業用水として、地下水を大量に汲み上げたから。

67. 産業廃棄物の処分場が必要であるにもかかわらず、建設がすすんでいないのはなぜですか。

68. 近年、電気自動車が注目されているのはなぜですか。（２つ）

69. 1950 年ごろから、関東内陸工業地域が発達したのはなぜですか。（神奈川学園中）

70. 関東内陸工業地域が 1970 年代から電気機器の製造や、電子工業などを中心に発達したのはなぜですか。（茗溪学園中）

71. 近年、半導体の工場が内陸部に作られたのはなぜですか。（３つ）

72. 東海工業地域で製紙・パルプなどが発達しているのはなぜですか。

67.　周辺の住民が反対するので。

68.　①大気汚染の原因となる排気ガスを出さないから。
②ガソリン代よりも、電気代が安くすむから。

69.　京浜工業地帯の工業用地が不足したため。

70.　高速道路が整備され、原料を輸入にたよらない電子工業や自動車産業などなら採算がとれるため。

71.　①半導体や集積回路は軽くて小さいが価格が高く、飛行機やトラックで長い距離を運んでも利益が出るため。
②内陸部は土地が安いため。
③ 1973 年の石油危機を受け、設備を新しくするため。

72.　製紙工業で使うきれいな水が豊富にあるため。

73. 太平洋ベルトで重化学工業が発達したのはなぜですか。
（東京学芸大学附属世田谷中、桜蔭中）

74. 携帯電話やパソコンなどの製品が「都市鉱山」といわれているのはなぜですか。

75. できるだけ船や鉄道を使う、モーダルシフトを行ったほうがよいのはなぜですか。

76. 最近では日本の会社の製品でもメイドインチャイナ（中国製）のものが増えました。これはなぜですか。

77. 円高が輸出には不利なのはなぜですか。

78. 近年、輸送する際に、貨物をコンテナに入れて運ぶのはなぜですか。

73.　燃料や原料の輸入と製品の輸出に臨海部が便利なので。

74.　携帯電話やパソコンには金やプラチナなどの貴重な金属が使われていて、都市に大量にあるため。

75.　トラックを使って運ぶより、船や鉄道のほうが二酸化炭素を排出しないため。温暖化対策として。

76.　賃金の安い国で現地生産する企業が増えたから。

77.　日本製品を輸出する時、得られる金額が円安の時に比べて下がるので。

78.　コンテナは幅と高さ、長さが一定で、積み替えを速く簡単に行うことができ、むだなく大量に輸送することができるので。

79. 1980年代から2000年にかけて、機械類の輸入額が増えているのはなぜですか。
（お茶の水女子大学附属中、国学院大学久我山中）

80. 日本の製鉄所が海の近くにあるのはなぜですか。（麗澤中）

81. 原子力発電所がすべて海沿いにあるのはなぜですか。
（ラ・サール中）

82. アメリカなどで2010年前後から大量に生産されているシェールガス、シェールオイルの生産を反対する声もあります。これはなぜですか。

83. 日本沖でもレアアースやメタンハイドレートなどの資源の埋蔵（まいぞう）が確認されているにも関わらず、現在、あまり生産されていないのはなぜですか。

84. 2011年の東日本大震災以降原子力発電の割合が急速に減っていったのはなぜですか。

79. 賃金の安いアジアの国々に日本企業が進出し、逆輸入が増えたので。

80. 外国から鉄鉱石を輸入していて、海岸に近いほうがいいから。

81. 原子力発電では大量の冷却水を用いるが、海沿いであれば海水を冷却水として利用することができるから。
→フランスなどの海外では大きな河川沿いにたっているところもあります。

82. 頁岩（けつがん）といわれる岩の隙間に薬剤の入った水を流し込んで採掘するため、地下水などの汚染の危険性があるから。

83. 安い費用で採取する手段が確立されていないから。

84. 原子力発電は、安全が確保されていないことがわかったので。
→大地震や津波、テロなどへの対策が備えられていることが必要であり、その検査のためという理由もあります。

85. 2016年、日印原子力協定が締結されました。これに反対の声が上がっています。これはなぜですか。（2つ）

86. 近年、風力発電施設を洋上におく洋上風力発電の研究が進んでいます。これはどのようなメリットがありますか。（2つ）

87. 日本企業の現地生産が貿易赤字を拡大させる要因となることがあるのはなぜですか。

85.　①本当に安全であるか保証できるか不明だから。
②核拡散防止条約（NPT）に加盟していないインドに対しては、核開発の援助になるかもしれないから。

86.　①海上は陸に比べて風が強く、発電しやすいため。
②景観を損なわず、騒音などの問題も生じないため。

87.　日本企業の工場が海外に移ることで、輸出額が減り、その工場の製品を輸入することで逆に輸入額は増えるから。

☆地理分野

地方

88. 京都市などでは、コンビニの看板などが他の都市よりも落ち着いた色使いになっていたり、ポスターなどもあまり貼られていません。これはなぜですか。

89. 琵琶湖では生活排水などで赤潮やアオコが発生します。それらは南の水域に集中しやすいのですが、それはなぜですか。

90. 和歌山市や新宮市は木材の集散都市として発展しました。それは、これらの都市が大きな川の河口にあるからなのですが、河口にあるとなぜ発展したのでしょうか。

91. 日本の最南端である沖ノ鳥島の周囲をコンクリートで固め、島全体が金属のふたでおおわれているのはなぜですか。

88. 京都は観光が盛んで、昔ながらの景観を損なわないようにするため。

89. 琵琶湖から流れ出している川は淀川だけであり、流されるようにして南の方に集中してしまうので。

90. 上流で切り出された木材をいかだにして川を下り、河口へ運んでいたから。

91. 無人の岩島である沖ノ鳥島を太平洋の荒波にけずられないようにして、日本の排他的経済水域を守るため。

92. 1950年代半ばから1970年代初めにかけて大都市の人口が急激に増えたのはなぜですか。

93. 1980年代後半、都心部で過疎化がすすんだのはなぜですか。

94. 過疎になると、問題になるのはなぜですか。（2つ）

95. 2000年代になって、都心部や東京湾岸部で再び人口が増えてきたのはなぜですか。（2つ）　（晃華学園中）

96. 日本の人口がここ130年ほどで3倍以上に増えたのはなぜですか。

97. 尖閣諸島をめぐって、中国と日本が領土だと主張しています。なぜ、この諸島が大事なのですか。
（渋谷教育学園渋谷中）

92. 仕事などを求めて、農村などから人々が経済の中心である大都市に移り住んできたから。

93. 地価（土地の値段）が急激にあがったため。都心部では多くの建物が高層ビルにかわり、都心部が住みにくくなったため。

94. ①若い働き手が減り、田畑や山があれ、産業が成り立たなくなるので。
②交通の便が悪くなったり、商店がなくなったりして、日常生活にも困るようになるので。

95. ①バブル期（1980 年代）に比べて地価が下がったため。
②ウォーターフロントなどの開発や街の開発が進み、高層マンションなどが増えたため。

96. 食生活が向上したことや、医学が進歩したため。

97. 尖閣諸島近くには大陸棚があり、石油や天然ガスなどの資源が豊富に埋蔵されているから。

98. 北方領土や竹島などで領土問題が発生するのはなぜですか。

99. 福岡市にある新幹線の駅が福岡駅ではなく、博多駅なのはなぜですか。

100. 鹿児島県や宮崎県でサツマイモの栽培がさかんなのはなぜですか。

101. 宮崎市で７、８、９月の降水量が多いのはなぜですか。

102. 那覇市で夏から秋にかけて降水量が多いのはなぜですか。

103. 沖縄では、稲作がさかんでないのはなぜですか。

104. 沖縄の住居の屋上には水を貯めるタンクが多く見られます。これはなぜですか。（東京学芸大学附属竹早中、海城中）

98. 水産資源が豊富だから。

99. 福岡市は、福岡という町と、博多という町が合併してできたもので、博多という地名を駅の名前として残したので。

100. このあたりの土壌は、火山灰のつもったシラス台地で、水持ちが悪く、稲作に向かないので。

101. 梅雨と台風の時期に降水が多いので。

102. 多くの台風がくるから。

103. 沖縄近辺の島々はさんごなどが変化した水を通しやすい土でできていて、稲作には向かないので。

104. 雨がふっても、すぐに海へ流れてしまい、水が不足がちになるから。

105. 北九州工業地帯の鉄鋼業が第二次世界大戦後、ふるわなくなったのはなぜですか。

106. 九州地方で半導体や集積回路の生産がさかんなのはなぜですか。（法政大学中）

107. 長崎や佐世保で造船業が発達しているのはなぜですか。

108. 沖縄ではアメリカ軍基地が多く、基地の移転や土地の日本への返還が問題となっていますが、基地に賛成の人もいます。それはなぜですか。

109. 瀬戸内の高松市などで降水量が年間をとおして少ないのはなぜですか。

110. 鳥取市の冬の降水量が多いのはなぜですか。

111. 鳥取県でラッキョウや長イモの生産が多いのはなぜですか。

105. 原料の輸入先が中国ではなくなり、オーストラリアになり、大消費地の近くに新たな製鉄所ができたので。

106. 土地の価格が安く、空気や水がきれいなので。

107. リアス式海岸が多く、元々軍港があったので。

108. 沖縄は農業や観光以外の産業が少ないので。

109. 中国山地が冬の季節風を、四国山地が夏の季節風をさえぎるため。

110. 冬に、北西の季節風の影響を受けて、雨や雪の日が多くなるので。

111. 鳥取砂丘の近辺は、砂がちの土壌だから。スプリンクラーを使った、砂地に適した農作物が栽培されている。

112. 山陰や南四国で工業があまり発達していないのはなぜですか。

113. 山口県の宇部や山陽小野田でセメントの生産が多いのはなぜですか。

114. 瀬戸大橋など本州四国連絡橋ができたことで、四国で売り上げが減った店があります。これはなぜですか。

115. 三重県尾鷲で年間降水量が多いのはなぜですか。

(東邦大学付属東邦中)

116. 滋賀県で合成洗剤の販売と使用が禁止されたのはなぜですか。

(日本大学第三中)

117. 奈良盆地の大和郡山で、金魚の養殖がさかんなのはなぜですか。

112. 大消費地から遠いので。

113. 秋吉台付近のカルスト地形から、石灰石が豊富にとれるので。

114. 本州と四国を行き来できるようになって、本州の方の店にお客が流れてしまったので。

115. 南東のしめった季節風の影響を強く受けるから。

116. 合成洗剤には、琵琶湖の汚染の原因の一つである、リンがふくまれているので。

117. 水不足にそなえて作られた、ため池がたくさんあるから。

118. 奈良県吉野の近くでスギの生産がさかんなのはなぜですか。

119. 志摩半島の英ご湾で真珠の養殖がさかんなのはなぜですか。

120. 西陣織、京友禅、清水焼きなど京都で伝統工業がさかんなのはなぜですか。

121. 阪神工業地帯が、1980年代後半から中京工業地帯に生産額で抜かれたのはなぜですか。（洗足学園中）

122. 長野県松本市が年間を通して降水量が少ないのはなぜですか。

123. 石川県金沢市が冬、降水量が多く、気温がそれほど下がらないのはなぜですか。（２つ）

118. このあたりは温暖で雨が多く、スギやヒノキがよく育つので。

119. リアス式海岸で波が静かな入り江があり、暖流の影響で海水温が比較的高く、真珠の養殖に向いているので。

120. 京都は過去長い間都がおかれ、日本文化の中心地だったので。

121. 阪神工業地帯では、金属工業や化学工業など、大量の原料を必要とする工業が多く、自動車工業のような部品を組み立てて、製品が高い値段で売れる工業が少なかったため。

122. 周りを山に囲まれているため。

123. ①季節風の影響で雪や雨の日が冬場に多いから。
②暖流である対馬海流が流れているため。

124. 山梨県のブドウやモモ、山形県のおうとう（サクランボ）やモモなど、盆地で果物の生産が多いのはなぜですか。

（鷗友学園女子中）

125. 北陸地方がコメの単作地帯なのはなぜですか。

126. 富山県の黒部など中央高地近辺では多くのダムが作られ、水力発電が多くなっています。これはなぜですか。

127. 若狭湾や新潟県の日本海沿岸に原子力発電所が多いのはなぜですか。

128. 諏訪盆地でかつて養蚕業がさかんだったのはなぜですか。

129. 早場米が利根川下流域で栽培されてきたのはなぜですか。

130. 群馬県の嬬恋村でキャベツの栽培がさかんなのはなぜですか。

124. 昼と夜の温度差が大きく、おいしい果物ができやすいので。

125. 積雪の期間が長いので。

126. このあたりの川は、流れが急で水量が豊富で、水力発電に向いており、京浜、阪神、中京の工業地帯にも比較的近く、送電にも便利だから。

127. 地盤が安定しているため。

128. 諏訪盆地の扇状地は、カイコのえさとなる桑の栽培に向いていたため。

129. 台風の被害が比較的少ないので。

130. キャベツは嬬恋村近辺のような高原の、涼しい気候でよく育つので。

131. 群馬県前橋で冬の降水量が少ないのはなぜですか。

132. 東京で印刷業がさかんなのはなぜですか。

（目黒学院中、晃華学園中）

133. 鹿島港で掘り込み港が作られたのはなぜですか。

134. 都心部でドーナツ化現象が起こるのはなぜですか。

135. 干潟の環境を保護していく必要があるのはなぜですか。

136. 農家の人が、減反政策などで転作をいやがるのはなぜですか。（2つ）

137. 秋田市で夏、太平洋側（宮古など）よりも気温が高くなるのはなぜですか。

131. 冬には越後山脈をこえた、乾燥したからっ風がふきおろしてくるので。

132. 政治、文化、経済の中心だから。

133. タンカーなどの巨大な船が入港できるようにするため。

134. 都心部の環境が悪くなったり、地価があがったりし、郊外に人口が移動するため。

135. 多様な生物の住みかとなり、海をきれいにするはたらきがあるので。

136. ①転作した作物では、コメと同じくらいの収入をあげることが難しいので。
②農家の人がコメ作りに誇りをもっているので。

137. 沖合を暖流の対馬海流が北上しているので。

138. 山形市で年間降水量が少ないのはなぜですか。

139. 津軽平野でリンゴの栽培が多いのはなぜですか。

140. 三陸沖が豊かな漁場であるのはなぜですか。

141. 東北地方の工場出荷額の半数以上が半導体であるのはなぜですか。

142. 東北地方のやませによる冷害が、日本海側より太平洋側の方で被害が大きくなるのはなぜですか。

143. 東北地方では、水田の水位をあげることがあります。これはなぜですか。

138. まわりが山で囲まれているため。

139. 涼しくて、雨が少なく、リンゴ栽培に適しているので。

140. 暖流の黒潮（日本海流）と､寒流の親潮（千島海流）が出合い、潮目ができているため。

141. 空港や高速道路が整備され、きれいな空気や労働力、工業用地が手に入りやすいから。

142. 北東から吹くやませが、東北地方を南北に走る奥羽山脈によってさえぎられるから。

143. 水には、温まりにくく冷めにくい性質があり、稲を冷たい風から守るため。

144. 北海道の根釧台地で稲作や畑作よりも酪農がさかんなのはなぜですか。（3つ）

145. 北海道の牛乳の多くがバターやチーズなどの乳製品になっているのはなぜですか。

146. 北海道の旭川で冬の寒さがきびしくなるのはなぜですか。

147. 近年、北海道の稲作が新潟県にならぶ生産量をあげているのはなぜですか。

148. 直線化された釧路川を、元の蛇行した川にもどそうという取り組みがなされました。これはなぜですか。

144. ①根釧台地の多くは火山灰地や泥炭地で、夏が短い上、濃霧の影響で気温が 20 度以下の日が多い。１年のうち霜が下りないのは５カ月ほどで、稲作や他の豆類などの栽培には不適であるため。
②牛の飼料となる牧草がよく育つので。
③ホルスタインなどの乳のたくさん出る乳牛は寒さに強いため。

145. 大消費地から遠いので。

146. 海に面していないので。

147. 品種改良によって、寒さに強い稲ができたので。

148. ①直線化された川よりも、蛇行した川の方が、水の深いところによごれが沈み、生き物が住みやすい環境になるので。
②川が直線化されると、周囲から土砂が流れ込み、水をきれいにしてくれる湿原が乾燥して、面積が小さくなってしまうので。

149. 夕張市が 1962 年には 10.5 万人の都市だったのに、2003 年には 1.4 万人まで減少しました。これはなぜですか。

（開成中）

150. 日本海側が世界的な多雪地域であるのはなぜですか。

（芝浦工業大学中）

151. 銚子などでは、気温の年較差（1 年のうちの最低気温と最高気温の差）が小さいです。これはなぜですか。

（聖光学院中）

152. 鹿児島空港が、県庁所在地から遠く離れたところにあるのはなぜですか。

（成城中）

153. 日本の川は外国の川と比べて流れが速いものが多いです。これはなぜですか。

（大妻多摩中）

154. 沖縄で花の栽培がさかんなのはなぜですか。

（学習院女子中）

149. 石炭の国内需要が減少し、炭田が閉山になったので。

150. 冬の冷たい北西季節風が日本海上空を通過する時、日本海を流れる暖流の対馬海流から水蒸気を吸収し、湿った冷たい空気が日本海側にもたらされるため。

151. 銚子は海沿いにあり、温まりにくく冷めにくい海水の影響を受けやすいので。

152. 近くの火山から火山灰が降っても、空港が使えなくなることが少なくなるから。

153. 川の長さが短く、傾きが急なので。

154. 沖縄は年中暖かく、本州で花が咲かない時でも出荷できるので。

155. 東京 23 区の水道料金が山梨県吉田市の約 6 倍高くなっているのはなぜですか。　（光塩女子学院中）

156. 近年、ダムなどの建設を見直す動きがさかんなのはなぜですか。（3つ）　（光塩女子学院中）

157. 岩手県や宮崎県、三重県などに、リアス式海岸がよく見られるのはなぜですか。　（淑徳与野中）

158. 中部地方でも日本海側の 4 県は古くから日本のコメ所として知られていますが、この地域や東北地方などで古くから稲作がさかんな理由を説明しなさい。（2つ）

（東京女学館中・改）

159. 日本では東京から 50km 圏内に総人口の約 24％が集中していますが、東京と東京にとなりあう県では、昼間の人口と夜間の人口に大きな違いが見られます。これはなぜですか。　（富士見丘中）

160. 沖縄にアメリカ軍の基地が多くあるのはなぜですか。

155. 山梨県では山々からの豊富な湧き水があるから。

156. ①資金不足で建設が難しいため。
②町や村が水の中にしずむことへの反感が強いため。
③国民投票の結果、反対票が多かったため。

157. この地域は海近くまで山がちな地形で、侵食によってできた深い谷に海水が流れ込んだため。
→このため、湾の中は波が低く、比較的水深が深い湾になっているので、船が停めやすくよい漁港として利用されてきました。

158. ①現在のコメは品種改良がすすみ、平均気温が 21 から 22 度の時、もっとも収穫量が多いようになっているので。
②潤沢な水源が多いので。

159. 勤務地や学校が東京都内にあるが、家は郊外にあるため。

160. 東アジアや東南アジアの各地へ軍隊が出動しやすいから。

第２章

☆歴史分野

古代から平安

161. 縄文時代、土器の発明によって、定住化がすすんだといいます。それはなぜですか。

162. 縄文時代、土偶が作られたのはなぜですか。

163. 弥生時代、高床式倉庫に収穫物を保存したのはなぜですか。

164. 弥生時代、環濠集落ができたのはなぜですか。

161. 火を使って煮たり焼いたりすることができるようになり、食べられるものが増えたから。（栄養状態が改善し、寿命ものびました）

162. 自然をおそれ敬う習慣があり、安産や豊かな収穫を願うため。

163. 風通しがよく、湿気がたまりにくく、コメを虫やねずみなどの被害から守ることができるため。

164. 水や土地をめぐって、他の村との争いが起こるようになったから。

165. 金印に記されていた、倭国の奴国王が後漢（中国の当時の呼び名）の光武帝に使いを送ったのはなぜですか。（２つ）

（開智中）

166. 古墳時代、大王や豪族たちが古墳を作ったのはなぜですか。

167. 古墳時代には書物などが残っていないのに、当時の生活がわかったのはなぜですか。

168. 飛鳥時代、聖徳太子が冠位十二階を定めたのはなぜですか。

169. 飛鳥時代、憲法の十七条を定めたのはなぜですか。

170. 607年から小野妹子などの遣隋使をつかわしたのはなぜですか。

（大妻中）

171. 大化の改新で蘇我入鹿・蘇我蝦夷親子を滅ぼしたのはなぜですか。（２つ）

165. ①中国の進んだ文物を手に入れるため。
②光武帝に倭国を認めてもらうため。

166. 自分の生前の権力の大きさを示すため。

167. 埴輪や鉄剣、銅鐸などに当時の生活が示されているから。（古墳の壁画なども）

168. 家柄などではなく、能力によって役職を与えるため。

169. 役人の心構えを示すため。

170. 隋の優れた文化を吸収するとともに、対等な関係を保つため。

171. ①蘇我氏が天皇に匹敵する力を持ち、天皇の代わりに支配者になろうとしたため。
②聖徳太子のすぐれた政治を受け継ぐため。

172. 752年、聖武天皇が東大寺に大仏を作ったのはなぜですか。
（神田女学園中）

173. 奈良時代、鑑真が朝廷から招かれたのはなぜですか。
（明大中野中）

174. 奈良時代、東大寺の盧舎那仏（るしゃなぶつ）を作るために、行基が協力しました。行基が当時人気があったのはなぜですか。

175. 奈良時代後半、律令政治は乱れていきます。これはなぜですか。

176. 743年、墾田永年私財法が作られたのはなぜですか。

177. 奈良時代後期、荘園が発生したのはなぜですか。

172. 戦乱、疫病、ききんなどによって、不安になった人々をしずめるため。

173. 当時、税の負担を逃れるために国の許可なく僧になるものなどが多くいたため、僧に戒律を授ける制度を整備し、国が認めたものだけが僧になれるという制度を確立させるため。

174. 橋や道路を造ったから。

175. 朝廷が仏教を保護したことで、寺院の勢力が強まり、政治に口出ししてくるようになったので。

176. 重い税のため、口分田を捨てる農民が増えたり、人口増加によって、口分田が足りなくなってきたから。

177. 墾田永年私財法ができ、貴族や寺社などが、近くの農民や逃げてきた農民を使って荒れ地や山林を切り開き、私有地を増やしたため。

178. ８世紀ごろから、鑑真や阿倍仲麻呂など航海途中で難破してしまうことが多くなりました。これはなぜですか。

179. 平安時代、紫式部や清少納言は藤原氏の家庭教師でした。なぜ、藤原氏に家庭教師が必要だったのですか。

180. 794年、桓武天皇が都を平安京に移したのはなぜですか。（２つ）

181. 藤原氏はどのように勢力をのばしましたか。（３つ）

（成城中）

182. 平安時代後期、武士がおこり、勢力を強めていったのはなぜですか。（３つ）

178. 新羅との関係が悪くなり、危険な東シナ海を横切る南路や南東路を通るようになったから。

179. 天皇の后となるためには、高い教養が必要だったから。

180. ①貴族や皇族同士の争いが激しくなったため。
②道鏡のように、政治に口を出す僧が現れたから。

181. ①自分の娘を天皇の后にし、産まれた子を天皇にしたため。
②菅原道真などの敵対する貴族を朝廷から、追放したため。
③地方の豪族などから、荘園の寄進を受け、そこから莫大な収入を得たから。

182. ①地方の政治が乱れ、有力な豪族や農民たちが自分の土地や財産を守ろうとしたため。
②平将門や藤原純友の乱の時、朝廷が地方の武士の力をかりなければ、反乱を抑えられなかったため。
③都で勢力が強くなった僧たちを抑えるため。

183. 11 世紀後半、藤原氏の勢力がおとろえていったのはなぜですか。

184. 平安時代、文学や和歌、日記などが発達したのはなぜですか。

185. 平等院鳳凰堂などに代表される、日本らしい国風文化が平安京で発達したのはなぜですか。（大宮開成中、清泉女学院中）

186. 藤原氏、源氏を追い出した平氏の政権が反発を招いたのはなぜですか。（国学院大学久我山中）

187. 奈良時代、全国に国分寺や国分尼寺が作られたのはなぜですか。（桐朋中）

183. （後三条）天皇が自ら政治を行うようになり、（白河）位を皇子に譲った後も上皇として政治を行うようになったから。

184. 漢字をもとにして、かな文字が作られ、より自由に自分の考えなどを表現できるようになったから。

185. 894 年に、遣唐使を廃止し、中国からの影響が薄くなったので。

186. 自分の娘を天皇の后にするなど、それまでの藤原氏の政権とあまり変わらなかったため。

187. 国情の不安を訴える民衆を鎮めるため。

188. 古墳時代、天皇は大王と呼ばれ、大和政権によって国土が統一されました。どうしてそのことがわかりましたか。（3つ）（富士見中）

189. 聖徳太子が送った手紙を読んで、当時の中国の皇帝は不機嫌になりました。それはなぜですか。（普連土学園中）

188. ①巨大な古墳が大和を中心とする近畿地方に多くみられるから。

②古事記や万葉集に国内統一の様子が書かれているから。

③熊本県の江田船山古墳や、埼玉県の稲荷山古墳から「ワカタケル大王」と書かれた鉄剣や鉄刀が出土したから。

189. 日本の大王が中国の皇帝に従うという従来のしきたりを無視し、対等な国交をもとめたから。

☆歴史分野

鎌倉・室町時代、戦国時代

190. 1185年、源頼朝が幕府を開くのに、鎌倉を選んだのはなぜですか。（2つ）

191. 鎌倉幕府の周囲の山には、切り通しと呼ばれる道が作られました。これはなぜですか。

192. 頼朝が地方に守護と地頭をおいたのはなぜですか。

193. 北条政子は源頼朝の妻なのに、名字が違います。これはなぜですか。

190. ①鎌倉は三方を山に囲まれ、一方が海に面していて守りやすく攻められにくかったので。
②鎌倉が源氏にゆかりのある土地だったので。

191. 馬一頭ほどが通れる幅しかなく、外から攻めにくいようにするため。

192. 自分と対立するようになった、源義経を討つため。

193. 当時の武家では女性と男性の地位はほぼ対等で、女性は結婚後も姓を変えなかったので。

194. 12世紀後半から13世紀ごろの日本では、中国で鋳造された貨幣が国内でよく用いられるようになりました。それはなぜですか。（2つ）

195. 1221年の承久の乱後、京都に六波羅探題をおいたのはなぜですか。

196. 元こうの後、鎌倉幕府の勢力がおとろえたのはなぜですか。

（お茶の水女子大学附属中、吉祥女子中、湘南白百合学園中、日本女子大学附属中）

197. 鎌倉時代、鎌倉仏教とよばれる新しい仏教がおこったのはなぜですか。

194. ①平安時代末の日宋貿易により、大量の宋銭が入るようになったから。
②当時の日本では、貨幣製造の技術力が低く、宋銭の方が信用が高かったため。

195. 幕府を倒そうとした公家や武家、朝廷の監視や西国の御家人のとりしまりにあたらせるため。

196. 元こうでは新たな土地を得たわけではないので、御家人は幕府から十分な褒美をもらえず幕府への不満をもつようになったため。元こうで多くの費用を使った御家人の生活を救うために出した徳政令のために、かえって社会は混乱していったから。

197. 戦乱やききんで不安を強めていた民衆は、心のよりどころを新しい仏教に求め、これらの仏教はわかりやすい上に、実行しやすかったので。

198. 1334年、後醍醐天皇の建武の新政がわずか2年で失敗したのはなぜですか。

199. 1429年に成立した琉球王国が栄えたのはなぜですか。

200. 1467年の応仁の乱以降、都の文化が地方に広まったのはなぜですか。

201. 室町時代、日明貿易で勘合という合い札を使わせたのはなぜですか。

202. 室町時代、農業の生産が高まったのはなぜですか。

203. 室町時代、村の山林原野が大切にされたのはなぜですか。

198. 公家や寺社の利益を優先する政治で、鎌倉幕府を倒した褒美も武士より公家や寺社の方が多いなど、それまでの武家社会のならわしを無視したものだったため。

199. 東アジアの中心に位置するという立地を生かし、日本・中国・東南アジアなどの間で中継貿易を行い利益をあげていたから。

200. 応仁の乱で京都は焼け野原になり、戦乱を逃れて公家や僧が地方に流れていったので。

201. 貿易船と倭冦とよばれる海賊を区別するため。

202. コメとムギの二毛作がはじまり、水車によるかんがいや、人糞や草木の灰を使った肥料などを使うようになったので。

203. 山林原野には、草や落ち葉が肥料になり、薪や木材を得られ、水源になるなどの機能があるので。

204. 応仁の乱以降、農民たちの一揆が近畿地方で増えます。これはなぜですか。農業と村の変化と関わりから答えなさい。
（開智中）

205. 金閣や銀閣の様式に禅宗の影響が強くみられるのはなぜですか。

206. 戦国時代、城の堀が深くなり、石垣が高く壁が厚くなりました。これはなぜですか。

207. 安土桃山時代、戦国大名が分国法を作ったのはなぜですか。（２つ）

208. フランシスコ＝ザビエルはなぜ日本に来たのですか。

209. 織田信長がキリスト教を保護したのはなぜですか。

204. 農業の技術の向上から、生産高があがるとともに、各村の人々は、おきてによって密接に結びついていたので。

205. 幕府が臨済宗を保護したので。

206. 鉄砲にそなえるため。

207. ①戦乱の世を勝ち抜くために、領地の産業や農業をさかんにし、軍事力を強めようとしたため。
②自国の情報が他国にもれないようにするため。

208. キリスト教（カトリック）を布教するため。

209. 全国統一の妨げになる仏教勢力を抑えるため。

210. 織田信長が楽市楽座を行ったのはなぜですか。

（芝浦工業大学柏中）

211. 豊臣秀吉が検地をしたのはなぜですか。

212. 16世紀後半から、公家や寺社の力はおとろえていきます。それはなぜですか。

213. 1588年、豊臣秀吉が刀狩を行ったのはなぜですか。

214. 豊臣秀吉が1592年、1597年の2度にわたって朝鮮を攻めたのはなぜですか。

215. 安土桃山時代後半、有田焼や唐津焼が日本で発達したのはなぜですか。

210. 商業を活発にし、収入を増やすため。

211. 全国の土地と農民を支配して年貢を確実にとるため。

212. 全国の土地と農民が武士の支配下におかれ、荘園が完全になくなったので。

213. 農民の一揆を防ぎ、農民を耕作にうちこませるため。

214. 全国統一後、中国（明）を征服しようと、朝鮮に対して協力を求めたが、断られたので。

215. 豊臣秀吉の朝鮮侵略によって、多くの陶工が日本に強制的に連れてこられたので。

216. 豊臣秀吉が明智光秀を倒した後、古人の知恵を利用し、関白になって天下を治めましたが、これはなぜですか。

（立教新座中）

217. 九州の大名の中には、みずからもキリスト教の信者になった者もいました。これには、信仰心以外にも理由がありました。それはなんですか。（東洋英和女学院中）

218. 城下町だったころの古い街並みが残っている都市では、道路が入り組んでおり、今では交通の障害になっています。道路がこのように作られたのはなぜですか。

（フェリス女学院中）

216. 天皇の地位を利用することで、庶民の反発をさけるため。

217. 布教の見返りに、南蛮貿易や武器弾薬などの利益が得られたので。

218. 敵から攻められにくくし、街を守りやすくするため。

☆歴史分野

江戸時代

219. 江戸幕府が 260 年という長い政権となったのはなぜですか。（5つ）

220. 戦国時代、徳川家康が勢力をのばしていったのはなぜですか。

221. 1603 年に征夷大将軍になった徳川家康はわずか 2 年後に息子の秀忠に将軍職をゆずりました。これはなぜですか。

222. 江戸時代、3 代将軍家光が参勤交代の制度をはじめたのはなぜですか。

219. ①幕府が直接支配した幕領が 400 万石あったため。
②江戸や大阪などの大都市や金銀の鉱山を支配していたため。
③貨幣を作る権限をもっていたため。
④将軍に直接つかえる家来である旗本や御家人を中心に旗本八万騎とよばれる強力な軍事力をもっていたので。
⑤大名や朝廷、寺社、農民を法によって支配し、身分制度をしき、鎖国を行ったため。

220. 小さな三河の大名だったが、信長や秀吉の全国統一を助け、秀吉の朝鮮侵略にも加わらずに力をたくわえたから。

221. 徳川家の将軍職は徳川家が代々受け継いでいくことを世に示すため。

222. 将軍への忠誠を示させ、江戸に１年ごとに住まわせることで、大名たちに往復の費用や江戸の生活費など大きな負担をかけさせ、幕府にそむくことを難しくするため。

223. 江戸時代、五人組が作られたのはなぜですか。

224. 江戸幕府がキリスト教を禁止するようになったのはなぜですか。（4つ）

225. 1637年の島原天草一揆以降、幕府が寺請制度をもうけたのはなぜですか。

226. 徳川家光がポルトガルやスペインとの貿易を禁止したのはなぜですか。

（東京学芸大学附属世田谷中、茗溪学園中、普連土学園中）

227. 江戸幕府はスペインとポルトガルの来航を禁止し、鎖国が完成となりますが、オランダ、中国とは貿易をつづけました。これはなぜですか。

（学習院女子中）

223. 百姓の年貢の納入や犯罪について、共同の責任をおわせるため。

224. ①キリスト教が、主君より神にしたがうことを重んじるため、信者の団結をおそれたから。
②人間の平等を説いているので、身分制度をしく幕府にとっては都合が悪かったから。
③西国の大名が貿易によって力をつけるのをおそれたから。
④布教を通じて、日本がスペインやポルトガルに支配されるのではないかとおそれたから。

225. キリスト教のとりしまりを強めるため、いずれかの寺院の信者になることを強制した。

226. スペインやポルトガルはキリスト教を広めようとするので。

227. キリスト教の布教に関係がないから。

228. 朝鮮通信使が日本に来たのはなぜですか。

（お茶の水女子大学附属中）

229. ５代将軍、徳川綱吉の時代、幕府の財政は苦しくなります。これはなぜですか。

230. 江戸時代、儒学や朱子学がさかんだったのはなぜですか。

231. 1609年、薩摩藩が琉球王国を侵略したのはなぜですか。

232. 葛飾北斎の浮世絵などには、木目がみられます。これはなぜですか。

233. 江戸時代、庶民に浮世絵が広まったのはなぜですか。

（麗澤中）

228. 将軍が変わるたびに、そのお祝いをするため。

229. ①綱吉がぜいたくなくらしを行ったため。
②幕府は収入を増やそうと質の悪い貨幣を作り、かえって物価があがったため。

230. 儒学や朱子学は、上下の区別を大切にし、身分制度に基づく幕府の政治に都合のいいものであったので。

231. 豊臣秀吉の朝鮮侵略に協力しなかったため。

232. 浮世絵は木版画だから。

233. 肉筆ではなく、木版画で分業して絵が作られると、大量に刷ることができ、絵の値段が下がったから。

234. 江戸時代のころ、農業が大きく発達しました。これはなぜですか。（３つ）

235. 江戸時代の農村や漁村では、都市部ほど女性の身分は低くありませんでした。これはなぜですか。　（光塩女子学院中）

236. 江戸時代、千葉の九十九里浜などでは地引き網がさかんになりました。これはなぜですか。

237. 江戸時代、各地で大名が、織物、和紙、漆器や特産品などの生産をマニュファクチュア（工場制手工業）などで大量に作らせました。これはなぜですか。

238. 江戸時代、有力な商工業者が株仲間という同業者の組合を作ったのはなぜですか。

239. 江戸時代、大阪が天下の台所といわれたのはなぜですか。

234. ①幕府や藩は年貢で財政をまかなっていたため。
②新田開発が積極的に行われたため。
③備中くわや千歯こきなどの農具の発明や、油かすやほしかが肥料に使われるようになったりして、農業技術が進歩したから。

235. 農村や漁村では女性も農作業や漁労に従事しており、女性の労働力なしには生活が成り立たなかったから。

236. 肥料となる、ほしか（いわしを干したもの）を作るため。

237. 参勤交代などで財政の苦しくなった大名が収入を増やすため、特産品の生産に力を入れたので。

238. 幕府に税を納める代わりに、営業を独占し、大きな利益を得るため。

239. 全国の産物が大阪に集められ、各地に送り出されたので。

240. 江戸時代が、今日にまさるくらいリサイクル社会であったのはなぜですか。（２つ）

241. 徳川吉宗が行った享保の改革では、財政が立ち直る一方で農民の生活は苦しくなり、一揆などが増加しました。それはなぜですか。

242. ８代将軍徳川吉宗のころ、蘭学がおこったのはなぜですか。

243. ８代将軍徳川吉宗が、サツマイモの栽培を奨励したのはなぜですか。

244. 化政文化の中心が上方（大阪・京都）ではなく江戸であるのはなぜですか。

245. 江戸時代、東廻り航路や西廻り航路がひらかれるなど、水上交通がさかんになったのはなぜですか。

240. ①人の糞尿を肥料として利用する仲買人がいたため。
②ものを捨てず、修理して使う習慣やそのための職人が多数いたため。

241. それまで四公六民だった年貢の割合を、五公五民にしたから。

242. 産業の発展をはかるため、キリスト教に関係のないオランダなどの洋書の輸入を許したので。

243. サツマイモはききんに強く、ききんに備えるため。

244. 江戸の商工業が発達してきたので。

245. 年貢米などは、馬や人足を使うより、船の方が大量に速く運べるため。

246. 江戸時代には、商船や漁船が遭難する事故が多くなりました。それはなぜですか。

247. 江戸時代、大井川などの大きな川に橋がかけられなかったのはなぜですか。

248. 1825 年、異国船打払令を幕府が出したのはなぜですか。

249. 18 世紀後半から伊能忠敬が行った測量を幕府が支援したのはなぜですか。

250. 1853 年、ペリーが日本に来たのはなぜですか。（3つ）

251. 1837 年、ききんで苦しんでいる人を救おうとした大塩平八郎の乱が幕府を驚かせたのはなぜですか。

246. 江戸時代には大型船の建造が禁止される一方で、西廻り航路や東廻り航路が発達し、海運業がさかんになったから。

247. 地方士族の反乱などを防ぐため。

248. あくまでも鎖国を守ろうとしたので。

249. 外国船が日本近海に来航するようになり、沿岸部の測量・調査を行い防備を固める必要があったので。

250. ①日本近海で難破したアメリカの船員を日本が救助するようもとめるため。
②捕鯨船や中国との貿易で、日本に補給地として水や食料、石炭などを提供させるため。
③日本と貿易を行うため。

251. 大塩平八郎は、幕府の元役人であり、反乱を起こしたのは、幕府の直轄地である大阪であったので。

252. 1837年、蘭学者の高野長英や渡辺崋山が厳しく罰せられたのはなぜですか。

253. 1825年に出した異国船打払令を1842年に撤回したのはなぜですか。

254. 老中水野忠邦が異国船打払令を改め、外国船に水や食料を与えるようになったのはなぜですか。

255. 井伊直弼が日米修好通商条約を結ぶとき、朝廷や一部の大名が反対したのはなぜですか。

256. 幕末期に攘夷論が高まっていくのはなぜですか。

257. 薩摩藩や長州藩が尊皇攘夷運動の中心であるにも関わらず、イギリスに近づいたのはなぜですか。

252. 日本人の漂流民などをのせ、貿易を求めて浦賀にやってきたモリソン号を、幕府は異国船打払令に基づき砲撃した。そのことに対して幕府の鎖国政策を書物で批判したので。

253. 中国がアヘン戦争に負けたことなどを受け、当時の日本では欧米に対して強硬策をとるのが得策ではないと思われたから。

254. アヘン戦争で、世界一強国と思われていた清がイギリスに敗れたのを知ったので。

255. 日米修好通商条約は、関税自主権や領事裁判権がないなど、不平等な条約だったので。

256. 通商条約による貿易で生糸や茶などが大量に輸出され、生産が間に合わなくなり国内の物価があがってしまった。このため、下級武士や都市の人々の暮らしが苦しくなり、それを開国したからだと考えたため。

257. 両藩は外国との戦いを通して、攘夷が不可能であると知り、軍備の強化をはかろうとしたため。

258. 1868年から1869年の戊辰戦争のさなか、勝海舟と西郷隆盛が会見したのはなぜですか。

259. 百姓一揆のとき、からかさ連判状のように、参加者の署名が円形に署名されているのはなぜですか。（2つ）

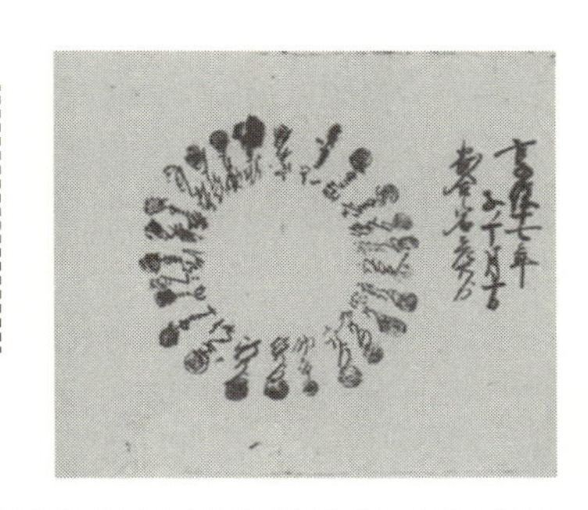

260. 江戸幕末期、打ちこわしが起こったのはなぜですか。

（開智中）

261. 江戸時代、江戸には長期の出張でやってくる一人暮らしの武士がたくさんおり、人口が増えました。これはなぜですか。

（森村学園中、光塩女子学院中、淑徳与野中）

262. 新井白石が長崎での中国との貿易を制限しようとしたのはなぜですか。

（明治大学付属中野中）

263. 慶安のお触書が出されたのはなぜですか。（跡見学園中）

258. 江戸を戦火から守り、平和のうちに江戸城を新政府軍に明け渡すため。

259. ①参加者がみな対等の立場であることを示すため。
②一揆の指導者が誰なのかをわからなくするため。

260. 一部の商人が、都市でコメの買い占めや売りおしみをして、コメの値あがりの原因となっていたため。

261. 参勤交代が行われ、地方からたくさんの武士が来ていたので。

262. 日本国内の大量の金銀が流出してしまうのを防ぐため。

263. 農民たちを農業に集中させ、年貢をより多くとりたてるため。

☆歴史分野

明治維新から第二次世界大戦

264. 明治以降は、『大化』以来続いた元号があまり変わらなくなりました。それはなぜですか。

265. 明治時代になり、小学校教育がはじまりましたが、子どもが学校に通うことに反対する親もいました。それはなぜですか。（2つ）

266. 明治時代、女子の就学率（学校で教育を受けている割合）が特に低いのはなぜですか。

267. 明治維新後、版籍奉還や廃藩置県が行われたのはなぜですか。

264. 明治以降は、一世一元の制（一天皇一元号制）になったから。
→明治天皇が定めました。それまでは吉凶などの事件・出来事に影響を受けたり、祝い事などがあるたびに変えていました。

265. ①校舎の建設費や教員の給料は住民の負担で、授業料が高かったので。
②大事な働き手である子どもを学校に奪われてしまうから。

266. 女子に学問は必要ないという考えが根強く、また、女子が家事労働の大切な担い手だったから。

267. 政府の命令を全国に行き渡らせ、天皇中心の中央集権国家を作ろうとしたので。

268. 明治政府が富国強兵、殖産興業をおしすすめたのはなぜですか。

269. 地租改正が行われたのはなぜですか。

270. 明治時代初期、農民の一揆がたくさん起こりました。それはなぜですか。（２つ）

271. 明治時代初期、士族の反乱も起こりました。それはなぜですか。

272. 1874年板垣退助が民選議院設立建白書を提出し、自由民権運動が起こったのはなぜですか。

273. 伊藤博文らが大日本帝国憲法を作ったとき、ドイツの憲法を手本にしたのはなぜですか。

268. 近代的な国家を建設し、欧米諸国においつこうとしたため。

269. それまでの年貢米制度では、その年の収穫量によってコメの価格がかわり、国の財政が安定しなかったため。

270. ①地租改正をしても、江戸時代と農民の負担はかわらなかったため。
②学制や徴兵令によって、働き手がうしなわれたため。

271. 四民平等や徴兵令によって、刀をさすのを禁じられるなど、多くの特権を失ったから。

272. 大久保利通を中心とした、薩摩と長州の出身者で固められた政府が政治を動かしていたから。

273. ドイツは君主の権力が強い国であり、天皇の権力が強い憲法を作ろうとした伊藤博文らの目的と合っていたので。

274. 大日本帝国憲法では、国民の徴用や言論や報道の自由を奪うことなどに対し、それが簡単に実行できるよう天皇の命令という形式をとっています。なぜ、天皇の命令にすると簡単になるのですか。（渋谷教育学園幕張中）

275. 開国当初、日本では物価が大きく変動し（主にあがった）、国民生活が苦しくなったのはなぜですか。

（帝京大学中、栄光学園中）

276. 1890年、初めての衆議院議員選挙が行われましたが、選挙権を持つ人は人口の１％にすぎませんでした。これはなぜですか。

277. 1871年、岩倉具視ら岩倉使節団を欧米に派遣したのはなぜですか。

278. 西郷隆盛や板垣退助が政府を去ったのはなぜですか。

274. 政府の思うように命令が作成できるので。

275. 日本国内の品物が輸出によって出ていってしまったので。

276. 選挙権は直接国税 15 円以上を納める満 25 歳以上の男子にしか与えられなかったので。

277. 江戸幕府が幕末に結んだ不平等条約を改正するため。

278. 武力を用いてでも朝鮮を開国させようという、征韓論が政府に受け入れられなかったため。

279. 西郷隆盛らが征韓論を主張したのはなぜですか。

280. 明治時代、鹿鳴館などを作ったりして、西洋文化を積極的に取り入れたのはなぜですか。

281. ノルマントン号事件をきっかけに条約改正の国民の声が高まったのはなぜですか。　(学習院女子中、横浜雙葉中)

282. 1894 年、陸奥宗光がイギリスと交渉し、領事裁判権を廃止させました。イギリスが交渉に応じたのはなぜですか。

283. 1890 年近辺、日本が清と対立するようになったのはなぜですか。

279. 政府に不満を抱いている士族の関心を国外にむけさせるため。

280. 欧米諸国は日本に近代的な法律が整えられていないことを理由に不平等条約の改正に応じなかったので、文明国であることを示し、条約改正交渉を有利に進めるため。

281. 紀伊半島沖で沈没したノルマントン号の船長は、イギリス人を優先的にボートで助け、日本人乗客は全員おぼれて亡くなったという事件が起こったが、領事裁判権に基づき、この船長を日本の法律で裁けず、軽い罪にしかならなかったから。

282. ロシアが中国や朝鮮に進出するのを抑えるのに日本を利用しようと考えたから。

283. 日本は朝鮮に不平等な条約を押しつけ、朝鮮に勢力をのばしたが、清は朝鮮を自分の国の属国だと考えていたので。

284. 日清戦争が起こったのはなぜですか。

285. 日清戦争で日本が勝ったのはなぜですか。

286. 三国干渉でロシアがフランスとドイツを誘い、日本に遼東半島の清への返還を強く求めたのはなぜですか。

（芝浦工業大学中）

287. 1902 年、日本とイギリスが日英同盟を結んだのは、どのような狙いからですか。

288. 日本が日露戦争の講和をアメリカに頼み、戦争を終わらせようとしたのはなぜですか。

289. 日比谷焼きうち事件が起こったのはなぜですか。

（国学院大学久我山中、東京都市大学付属中）

284. 1894 年、朝鮮で甲午農民戦争が起こり、朝鮮は清に助けを求めたが、日本も清に対抗するために朝鮮に大軍を送った。その中で、日本が清の軍艦を攻撃したので。

285. 日本は軍隊の近代化をすすめていたので。

286. ロシアは朝鮮や中国に勢力をのばそうとしていたので。

287. 中国や朝鮮に進出しようとしていたロシアを警戒し、対抗するため。

288. 日本は戦争をするための弾薬や資金が不足がちでイギリスやアメリカに借金をし、増税をしたりする一方で、ロシアでは皇帝の政治に対する革命運動が起こって、両国とも戦争を続けることが難しくなってきたから。

289. 日露戦争による増税や、ポーツマス条約で賠償金がとれなかったことで政府への不満が強まったから。

290. 韓国併合によって、韓国の民衆がはげしく抵抗したのはなぜですか。（４つ）

291. 1900 年代初頭、日本はニューヨークなどで借金をつのりました。これはなぜですか。（関東学院中）

292. 日清戦争後、八幡製鉄所ができたのはなぜですか。（２つ）

293. 足尾銅山鉱毒事件のとき、田中正造の訴えを政府が聞き入れなかったのはなぜですか。

294. 第一次世界大戦時、日本がドイツに宣戦したのはなぜですか。（桐光学園中）

290. ①韓国の軍隊を解散させたため。
②朝鮮総督府をおいて、軍隊と警察による支配を行ったため。
③持ち主がはっきりしないとして、多くの土地を取り上げ、小作人となる農民が出たりしたため。
④学校で日本の歴史、地理や日本語を強制的に教えたため。

291. 日露戦争で資金や弾薬が不足していたので。

292. ①日清戦争で多額の賠償金を得たため。
②軍備を増強し、鉄道を建設するため、政府が鉄鋼産業に力をいれたので。

293. 富国強兵には銅が必要だったから。

294. 中国に勢力をのばそうと考えていたので。

295. 1920年、第一次大戦を受け、国際連盟が発足しましたが、強力な組織にはなれませんでした。なぜですか。（2つ）

296. 第一次大戦中、多くの財閥が力をもち、『成金』と呼ばれる人々が登場したのはなぜですか。

297. 第一次大戦中、好景気にも関わらず農民や労働者のくらしが苦しくなり、コメ騒動などが起こりました。これはなぜですか。（2つ）

298. 原敬が平民宰相とよばれるのはなぜですか。

295. ①敗戦国のドイツや社会主義国のソ連が参加を認められず、また、アメリカも議会が反対したため参加できないなど、大国が参加しなかったため。

②全会一致でしか議決できなかったので。

296. 大戦中、戦地となったヨーロッパ諸国の代わりにアジアに製品を輸出したり、連合国にも軍需品などを輸出するなど、輸出が大きく伸びたので。

297. ①農業国から工業国になり、農村から都市に人口が移ったりして農業生産が減って消費に追いつかなくなり、コメなどの物価があがったので。

②シベリア出兵をみこしたコメ商人が、コメの買い占めや売りおしみをし、コメの価格があがったので。

298. 華族でなく首相になった初めての人だから。

299. 尾崎行雄が憲政の神様といわれるのはなぜですか。

300. 1925 年、選挙権をもつ有権者の数はそれまでの 4 倍になりました。これはなぜですか。

301. 1922 年、全国水平社が結成されたのはなぜですか。

302. 1923 年の関東大震災の時、非常に大きな被害になってしまったのはなぜですか。（3つ）

303. 関東大震災の時、朝鮮の人々がおそわれる事件が発生しましたが、なぜ、当時朝鮮の人々が多くいたのですか。

304. 第一次世界大戦後、人々の暮らしが苦しくなったのはなぜですか。

299. 犬養毅らとともに、藩閥政治をやめさせるべく、民主主義の実現を目指して護憲運動を起こしたから。

300. 普通選挙法により、満 25 歳以上のすべての男子に納税額に関係なく選挙権が与えられたので。

301. 四民平等といわれながらも、人々はきびしい差別に苦しんでいたので。

302. ①地震が起こったのが昼食時だったから。
②木造住宅が多かったので。
③建物が密集していたから。

303. 韓国併合で土地を取り上げられたりした人々が、職を求めて、流れてきていたので。

304. 戦争が終わり、輸出が減ったことに加え、世界恐慌が起こったため。

305. 304の問題のころ、不景気なのに財閥が大きくなったのはなぜですか。

306. 満州事変を起こそうとしたのはなぜですか。

307. 1933年、日本が国際連盟を脱退したのはなぜですか。

308. 1930年代から日本が軍国主義になっていくのはなぜですか。（3つ）

309. 1938年に国家総動員法が定められ、1940年には大政翼賛会が作られたのはなぜですか。（2つ）

310. 第二次世界大戦末期、アメリカが原爆投下の候補地として長崎を選んだのはなぜですか。

305. 不景気で倒れかかった銀行や会社を吸収していったので。

306. 日本の経済の行きづまりを、満州を植民地にすることで解決しようとしたため。

307. 国際連盟が満州にリットン調査団を送り、満州国を不承認したため。

308. ①五・一五事件により犬飼毅が暗殺されたため。
②二・二六事件により反乱軍のクーデターが失敗したため。
③治安維持法などで、軍部を批判する思想や学問などをとりしまったため。

309. ①日中戦争が長期化し、国民を戦争に動員する体制を作ろうとしたから。
②政府の方針どおり、戦争に必要な物資や人を動かせるようにするため。

310. 長崎には軍艦を建造する造船所や、武器を生産する軍需工場が多く、これを破壊することで日本の戦争続行能力を失わせるため。

311. 1945年7月、ポツダム宣言を日本が黙殺したのはなぜですか。

312. 1945年8月、アメリカが原爆を投下したのはなぜだといわれていますか。（3つ）

313. 1916年のベルリンオリンピックが中止になったのはなぜですか。（開成中、鎌倉学園中、日本女子大学附属中）

314. 明治政府が欧米各国と結んだ不平等条約の中には、領事裁判権（治外法権）を認めたことがあります。これがなぜ不平等なのですか。（大妻中野中）

315. 1945年、沖縄では戸籍簿が多く失われ、「大和風」の名字にかえる人々が見られました。戸籍簿が多く失われたのはなぜですか。（女子学院中）

311. 天皇制の維持や国体の護持などが完全に無視された内容であったので。

312. ①戦争の早期終結をはかるため。②原爆の実験を行うため。③戦後の世界でアメリカがソ連より優位にたつため。

313. 第一次世界大戦が始まったので。

314. 外国人が日本で犯罪を犯しても、日本の法律で裁けないので。

315. 沖縄は太平洋戦争で戦地になったので。

316. 明治後期になると日本の繊維工業は発達し、生糸の輸出量が世界一になったりしました。これは、日本の製品が海外のものよりも安かったためですが、なぜ、日本ではこのように安い製品を作ることができたのですか。（雙葉中）

317. 1960年より9月1日は「防災の日」とされ、我が国では各地で避難訓練などを行っています。なぜこの日が防災の日になったのですか。（目黒星美学園中）

318. 1945年1月に三河地震がおこり2300人もの人が亡くなりましたが、この被害は新聞でもラジオでも報道されませんでした。これはなぜですか。（ラ・サール中）

316. 人件費が安かったため。

317. 1923 年の９月１日に関東大震災があったので。

318. 当時は第二次世界大戦中であり、戦争に関係ない出来事や戦争に不利益な出来事は情報統制されていたから。

☆歴史分野

戦後

319. 第二次世界大戦後、GHQ が財閥を解体したのはなぜですか。

320. 1947 年、独占禁止法が制定されたのはなぜですか。

321. 戦後、政府が農地改革を行ったのはなぜですか。

322. GHQ が労働組合法や労働基準法など労働者の地位の向上をはかる法律を定めさせたのはなぜですか。

323. 憲法改正案を GHQ が作って改正案を政府に示したのはなぜですか。

319. 財閥は日本の経済を支配し、戦争に協力してきたため。

320. 大企業の利益独占を防止し、財閥の復活を防ぐため。

321. 地主から農地を買い上げて小作人に安く売り渡すことで小作人を減らし、農村の民主化をはかり、農民の生産意欲を高めるため。

322. 日本を民主化する上で、労働組合が大きな役割を果たすと考えたので。

323. 政府が作った憲法改正案は、大日本帝国憲法とあまり変わらなかったので。

324. 戦後直後、各地で闇市が開かれたのはなぜですか。

325. アメリカを中心とする資本主義国とソ連を中心とする社会主義国の対立を冷戦と呼ぶのはなぜですか。

326. 1951年、急にサンフランシスコ平和条約が開かれ、翌年日本は独立を回復します。これはなぜですか。

327. 1951年、日本の鉱工業の生産額は戦前の水準に回復します。これはなぜですか。

328. また、327のころ、警察予備隊（のちの自衛隊）が結成されたのはなぜですか。

329. 1956年、日本は国際社会に復帰します。なぜ、この年、国際社会に復帰したといえるのですか。（芝中）

324. 物資の不足を補うため。

325. 直接戦火をまじえたわけではないから。

326. 朝鮮戦争がはじまり、アメリカが日本を味方にしておきたかったので。

327. 朝鮮戦争により、アメリカ軍から大量の軍需品の注文を受けたので。

328. 戦争が起こり、日本の防衛が手薄になるので。

329. 日ソ共同宣言でソ連との国交が回復し、国際連合への加盟が実現したから。

330. 冷戦後、旧ユーゴスラヴィアや、コソボなど、世界各地で紛争や内戦が増えたのはなぜですか。

331. ロシア（旧ソ連）と日本が平和条約を未だに結んでいないのはなぜですか。

332. 1960 年、日米安全保障条約を改正するとき、安保闘争とよばれる激しい反対運動が起こりました。これはなぜですか。

333. ヤルタ会談のとき、アメリカ、ソ連、グレートブリテンの３国の会談であるにもかかわらず、宣言にはソ連ではなく、「中華民国」とかかれています。これはなぜですか。

334. 博物館や資料館の展示室では、受付やロビーよりも照明を暗くしています。これはなぜですか。　（学習院女子中）

330. 冷戦時には、アメリカとソ連（ロシア）の巨大な軍事力で、各地の民族対立や宗教対立などを押さえつけていた面があったため。

331. 北方領土問題が未解決であるため。

332. 日本がアメリカの戦争に巻き込まれる危険があるので。

333. 当時、ソ連は日本と中立条約を結んでいたから。

334. 強い光を当てることで、展示物が痛まないようにするため。

第3章

☆公民分野

法・政治・国会

335. 日本の総理大臣が靖国神社に公式参拝すると、アジア諸国から批判を受けることがあるのはなぜですか。

336. 日本の総理大臣が靖国神社に公式参拝すると、アジア諸国からだけでなく日本国内からも批判の声があがることがあったのはなぜですか。

337. 収入が少なく、生活していけない家庭に対して、エアコンの取り外しを求めるという出来事がある市で出されました。なぜ、このようなことが起こるのですか。

338. 日本国憲法が成立したとき、条文が増えています。これはなぜですか。（2つ）

335. 靖国神社には、アジアの多くの国々に被害をもたらした、太平洋戦争の際の指導者などもまつられているから。

336. 内閣総理大臣が特定の宗教施設に公式参拝することは、政教分離の原則に反すると思われるから。
（※　政教分離原則とは本来、『特定の宗教者が政治をしてはならない』という意味ではありません。キリスト教信者が指導者になっても良いのですが、宗教原理を過度に政治に反映してはならない、という意味です）

337. 生存権に基づき、生活保護として国からお金が支給されているのだが、エアコンは最低限度の生活を営む権利からするとぜいたくであるという意見があったため。

338. ①基本的人権を守ることを重視し、条文で細かく保障したため。
②地方自治に関する条文が付け加えられたため。

339. 日本国憲法で平和主義が定められたのはなぜですか。

340. 日本国憲法で基本的人権が尊重されるのはなぜですか。

341. 現代社会では、「知る権利」が大事だとされます。これはなぜですか。

342. 地方政治が「民主主義の学校」と言われることがあるのはなぜですか。

343. 近年、選挙における投票率の低下が問題視されています。投票率の低下が問題となるのはなぜですか。

344. 日本の選挙は直接民主制ではなく、間接民主制がとられています。これはなぜですか。 （浅野中）

339. 第二次世界大戦のような悲惨な戦争を繰り返さないため。

340. 人が人間らしく生きていくためには、自由に物事を考え、行動し、差別なく平等にあつかわれる必要があるため。

341. 主権者である国民が政治などについて選挙や世論などに意見をいう時に、十分かつ正確な情報が必要だから。

342. 民主主義の理想は、住民自らが政治に参加し、意思を政治に反映させることであり、それは地方の方が実践しやすく、地方政治の方が民主主義の実践を学びやすいから。
（※この考え方は、イギリスの政治家Ｊ・ブライスの言葉に寄ると言われています）

343. 国民の意見が反映されにくいし、特定の組織や団体の意見が通りやすくなってしまうから。

344. 人口が多く、また社会のしくみも複雑になっていて、すべての国民が一堂に会して議論し、採決を行うことは困難だから。

345. 参政権や請求権が憲法で保障されているのはなぜですか。

346. 国民の人権が制限されることがあるのはなぜですか。

347. 自衛隊の最高指揮監督権が内閣総理大臣にあるのはなぜですか。

348. 自衛隊が憲法違反だという意見があるのはなぜですか。

349. 内閣総理大臣が国会議員から選ばれなければいけないのはなぜですか。

350. 国会が国権の最高機関とされ、法律を作る権限などを唯一あたえられているのはなぜですか。 （普連土学園中）

345. 人権が侵されたときに、救われる必要があるため。

346. 国民個人の人権が社会全体の利益や幸福など、公共の福祉に反する場合があるので。

347. 軍隊が政治に口出ししないという民主主義の原則を守り、自衛隊を民主的に統制するため。

348. 自衛隊は戦力にあたり、平和主義を明記している憲法第９条に違反するから。

349. 国民が選挙で直接選んでいるのは国会議員であり、内閣総理大臣も間接的に国民が選んでいることになるので。

350. 国会は主権者である国民が直接選挙で選んだ代表者によって構成されているから。

351. 日本では参議院と衆議院の二院制がとられているのはなぜですか。（女子学院中、京華中）

352. 憲法が改正するのに国民投票を必要とするなど、きびしい手続きがとられているのはなぜですか。

353. 衆議院が参議院に対して、より強い権限を持っているのはなぜですか。（専修大学松戸中、山脇学園中）

354. 2009年から始まった裁判員制度では、選ばれた人の辞退率が7割近くまで増加しています。これはなぜですか。

355. 裁判員制度はよいことばかりではありません。問題がある制度だといわれているのはなぜですか。（２つ）（芝中）

356. 一つの選挙区から一人を選ぶ、小選挙区制があまりよくないといわれているのはなぜですか。

357. 国政選挙で比例代表制をとっているのはなぜですか。

351. 一つの議院の議決を、他の議院がさらに検討することによって、審議を慎重に行うことができるので。

352. 憲法は国の最高のきまりなので。

353. 衆議院は任期が短く、解散があり、より強く国民の意見を反映できるため。

354. 仕事や育児などの日常生活との両立の難しさがある上、刑事裁判を扱う責任の重さや守秘義務の遵守(じゅんしゅ)など、心理的な負担が大きいため。

355. ①一般人が犯罪を裁くのは、責任が重すぎるので。
②被告のプライバシーに関わる個人情報を、裁判員が守秘しなければならないので。

356. 当選者以外に投票された票の意見が国政に反映されず、死票が多くなってしまうので。

357. 死票が少なく、少数意見も国政に反映されるので。

358. 都市地域と過疎地域で一票の格差が生じるのはなぜですか。

359. 選挙権といわれるように、選挙が大切な権利であるといわれているのはなぜですか。（神奈川学園中）

360. 2001年1府12省庁となり、省庁の数が減りました。これはなぜですか。

361. 法律案の多くが内閣が提出した法律案によるものとなっているのはなぜですか。

362. 裁判官の身分が保障されていたり、誰にも指図されないことが憲法に定められているのはなぜですか。

363. 裁判が三審制をとり、3回裁判を受けられるようになっているのはなぜですか。（文京学院大学女子中）

358. 一選挙区あたりの議員定数が、不均衡であるため。

359. 国会は、予算を決めたり、法律を決める大事なところであり、そこに国民の意見を反映させるため。

360. 効率のよい行政をめざすため。

361. 行政の仕事が複雑化し、専門化しているので。

362. 内閣などの他の権力の干渉を受けさせず、司法権を独立させるため。

363. 裁判を公正に行い、基本的人権を守るため。

364. 最高裁判所が憲法の番人とよばれるのはなぜですか。

365. 民主政治で三権分立の制度がとられるのはなぜですか。

366. 冤罪といって、ある容疑者が実際には犯していないのに、まちがった裁判によって有罪にされてしまうことがあるのはなぜですか。

367. 1996年以降、各地で高校生や小・中学生が投票することがありました。これはなぜですか。

368. 地方の住民投票での決定に、首長、議会が従う必要はありません。これはなぜですか。

364. 最高裁判所は憲法に違反しているかどうかの最終判断を下す終審の裁判所だから。

365. 強大な政治の権力をある一つの機関や人間がもつようになると、独裁政治や専制政治になって、国民の基本的人権が奪われる可能性があるので。

366. 警察の暴力的な拷問を受けるなど、適正な取り調べが行われなかったため。

367. 特定の問題に対しては、法律に違反しない範囲でその地域だけの条例を作ることができ、その条例で住民投票の投票資格を独自に定めることができるので。

368. 住民投票には法律上の力はないので。

369. 地方分権のしくみが近年求められるようになったのはなぜですか。(2つ)

370. 近年、市町村の合併がすすんだのはなぜですか。

(学習院女子中)

371. 2010年、橋下徹・元大阪府知事が大阪府を大阪都にする案を出したのはどのようなねらいからですか。

372. 消費税がよくない税といわれることがあるのはなぜですか。

373. 国の仕事が民営化されると、税収が増えるなどの利点がありますが、よいことばかりではないのはなぜですか。

369. ①明治時代のように近代化する必要性がなくなったため。
②国民の要望が多様化し、住民の生活に関連した身近な仕事に関しては、地方公共団体が地域の実状にあわせて行うことがふさわしいので。

370. 合併により、地方公共団体の規模が大きくなると、多くの費用が必要な仕事を効率よく行うことができ、地方公務員の数を減らし、財政再建につながるので。

371. 都になることで、地方が自由に使える自主財源を増やすことができ、国にたよる比率を少なくすることができるので。

372. 食料品などの生活必需品にも等しく税がかかり、所得の低い人に不利となるので。

373. 利益のあがりにくい過疎地域では、サービスが切り捨てられる可能性があるので。

374. 国民主権が大事なのはなぜですか。「もし国民に主権がなかったら」という書き出しで説明しなさい。

（お茶の水女子大学附属中）

375. 憲法の考え方によれば、行政はホームレスの問題をほうっておいてはならないといえます。それはなぜですか。（２つ）

（成蹊中）

376. 参議院選挙が衆議院選挙に比べて関心が低くなりがちなのはなぜですか。

377. 2013年３月、各地の高等裁判所で2012年12月に実施された衆議院選挙が憲法違反であるという判決が相次いで出されました。これはなぜですか。

374. もし国民に主権がなかったら、王様や独裁者が国の方針を決めてしまい、国民の権利が侵害されてしまう可能性があるので。

375. ①すべての国民は健康で文化的な最低限度の生活を営む権利を有する（25条）ので。
②すべての国民は勤労の権利を有し、義務を負う（27条）ので。

376. 参議院選挙は、直接政権を決める選挙ではないから。

377. 選挙において、一票の格差が約2.4倍の開きがあり、法の下の平等に違反するので。
→一票の格差とは、例えば、人口50万人で1人選出する選挙区と、720万人で3人（一人あたりは720万÷3＝240万）の選挙区では、議員一人あたりの有権者数が約5倍違います。

378. 2018年の公職選挙法の改正で、参議院の定数が「242」から「248」となりました。これはなぜですか。

379. 2013年7月の参議院選挙で自民党は121議席中、65議席を獲得したのに過半数ではありません。これはなぜですか。

380. 安倍内閣が憲法改正を目指すのはなぜですか。

381. 統一地方選が4年ごとに一斉に行われるのはなぜですか。

378. １票の格差を是正するため。
→ 2013 年には衆議院の定数を減らしましたが、2018 年の改正では、埼玉選挙区や比例代表の「特定枠」の導入で増えました。

379. 参議院選挙は半数ずつであり、2010 年での前回選挙では自民党は改選数の半数を大きく下回る議席数しか取れていなかったため。

380. 自衛隊の存在を憲法に明記するため。
→自衛隊の存在を憲法に明記することで、自衛隊の活動をしやすくすることが目的だと言われています。

381. 首長も議員も任期が４年で、一斉に選挙を行った方がバラバラに行うよりも事務的な作業効率があがる上、有権者の関心も高めやすいので。

☆公民分野

暮らし・社会・経済関連

382. 2019年10月からの消費税増税で、軽減税率制度（食品などの特定品目への減税）が導入されたのはなぜですか。

383. 2019年度、消費税のおかげで国債の発行額が減っています。これはなぜですか。

384. 2019年、電子マネーなどの現金を使わない決済、キャッシュレス決済を利用するとポイントなどを還元する「キャッシュレス・消費者還元事業」を政府が始めたのはなぜですか。

385. 2024年度をめどに、紙幣のデザインが刷新されますが、こうして数年おきに紙幣のデザイン、製造方法を変えるのはなぜですか。

382. 消費税は収入の少ない人ほど税の負担割合が高くなるので。
→飲食料品や新聞などは８％で据え置かれました。

383. 消費税はあらゆる世代から広く集められるので、景気に左右されにくく、安定した歳入になるため。

384. 現金を扱う際の店舗や費用を減らしつつ、ポイント還元により消費者の負担を減らすことで、キャッシュレスの利便性の周知を図るとともに、消費を促すため。

385. コピー技術が年々進化する中、偽造を防止するため。

386. 社会保障のしくみがあるのはなぜですか。

387. 近年、日本で年金制度を維持するのが難しくなっているのはなぜですか。（駒場東邦中、晃華学園中）

388. 優先席などを電車やバス内に設けることは「ノーマライゼーション」の意見に反するという意見もあります。これはなぜですか。

389. 警視庁には毎年たくさんの拾得物が届けられ、一定期間持ち主が現れなかったものは拾い主のものになりますが、携帯電話は引き渡されません。これはなぜですか。

（国学院久我山）

390. 2000年より、それまでの高齢者福祉、医療制度では対応が困難になったため、介護保険制度が実施されていますが、この目的は何ですか。（昭和秀英中）

386. 病気やけが、高齢、失業などによって働けなくなった場合、個人の力だけで生活していくことは難しいので、国の責任と社会の人々の協力によって支えていくため。

387. 少子高齢化がすすみ、年金の財源である保険料が減っているため。

388. ノーマライゼーションはすべての人がおなじように暮らしていける社会を目指すものであり、優先席を設けて、高齢者や障害者を区別してしまうことはある種特権的であり、その考え方に反するとも言えるから。

389. 携帯電話にはメールアドレスや電話番号など個人を特定できる情報が多く登録されているから。

390. 核家族や高齢者のみの世帯が増え、老人を支えることが困難になったので、家族だけでなく社会全体で支えていくという目的。

391. 最近、地方自治体が補助金を出して運営しているコミュニティバスには、通常のバスよりも小型の車体が使われています。これはなぜですか。（海城中）

392. 日本が高齢社会になったのはなぜですか。（２つ）

393. 日本が少子化になったのはなぜですか。（４つ）

394. 子育てをするときに、女性が仕事を辞めざるを得なくなるのはなぜですか。

395. 男女雇用機会均等法や男女共同参画社会基本法が制定されたのはなぜですか。

391. 住民が利用しやすいように、通常のバスでは通れないようなせまい通りなども運航路線にしているから。

392. ①医学の進歩や食生活の向上、社会保障制度の充実などにより、平均寿命が延びたから。
②子供が少なくなる少子化がすすんだから。

393. ①女性の社会進出がすすみ、結婚する年齢が高くなってきたから。
②結婚しても子どもをもたない人や、結婚自体をしない人が増えてきたから。
③教育費など、子育てに多くの費用がかかるから。
④子育てと仕事を両立できる環境が十分にととのっていないので。

394. 子どもを保育園や学童保育に預けて働こうとしても、その数が少ないうえ、保育時間が短い、また保育料が高いなどの問題があるから。

395. 男女があらゆる場で対等に活動し、ともに責任を分担する社会をつくるため。

396. 保母や看護婦などの表現が禁止されているのはなぜですか。

397. 近年の日本では、仕事についている女性の割合が以前に比べると、20歳代から40歳代まであまり変わらなくなりました。これはなぜですか。（３つ）（淑徳与野中）

398. 工業製品の価格が必ずしも需要と供給の関係で変動するとはかぎらないのはなぜですか。

399. お金が経済活動で使われるようになったのはなぜですか。

400. GDPは国の経済の規模を示すものですが、国民生活の豊かさを意味するものではないのはなぜですか。

396. 男女雇用機会均等法により、性別を特定するような表現が禁止されているので。

397. ①一度退職すると、もとのような仕事につくのが難しいので、仕事を辞めない女性が増えているため。
②結婚しない女性や、子どもを産まない女性が増えているため。
③育児休業制度が広まってきたので。

398. ある企業の生産や販売がとても大きい割合をしめている時には、その企業によって価格が決められてしまうので。

399. それまでの物々交換では、自分の持ち物を相手が必要としない場合には交換ができず、また、物によっては腐ったりかけたりすることもあるので。

400. ＧＤＰは市場で売買されるものやサービスの価値を集計したものにすぎないから。

401. 不景気やデフレの時、公共事業などを拡大させると景気対策になるのはなぜですか。

402. 不景気やデフレの時、減税を行うと景気対策になるのはなぜですか。

403. 不景気やデフレの時、日本銀行が金利を下げると景気対策になるのはなぜですか。

404. 独占禁止法などによって、企業間の自由な競争を確保しているのはなぜですか。

405. トラックなどの自動車輸送が、予定の時刻に物を輸送しにくい短所があるのはなぜですか。

406. 近年、海外旅行をする人が増えたのはなぜですか。

407. 近年、航空運賃が安くなったのはなぜですか。（３つ）

401. 公共事業を行うことにより、財政支出を増やし、金回りがよくなるので。

402. 減税を行うと、消費者の購買力を高められるから。

403. 金利を下げると、各銀行がお金を借りやすくなり、世の中に出回るお金の量が増えるので。

404. 少数企業だけの独占状態になると、価格や生産量が一方的に決められるようになり、消費者は不利益を受け、中小企業が圧迫されるので。

405. 日本は道路の総延長のわりに自動車の台数が多く、交通渋滞が多いから。

406. 航空運賃が安くなったため。

407. ①円高になったから。
②航空機が大型化したから。
③航空会社間の競争が激しくなったから。

408. 日本でもパナマやリベリア籍の船が多いのはなぜですか。

409. 山間部などに住む人々は新しい道路を望みますが、むやみに建設することはのぞましくありません。それはなぜですか。

410. 東海道新幹線が現在のように名古屋駅以西、奈良を通りまっすぐ大阪へ行かずに、一旦迂回するのはなぜですか。

411. ホームレスは50代以降の人が多いです。これはなぜですか。（2つ）
（成蹊中）

412. 新札が発行されると景気がよくなると言われています。それはなぜですか。
（早稲田実業学校中、獨協中、頌栄女子学院中）

413. 輸入関税を高くしないと、国内産業が育てられないのはなぜですか。
（浅野中、駒場東邦中）

408. パナマやリベリアは船にかかる税金や船員の賃金が安いため。

409. 道路の建設には多額の費用がかかる上、安全性を維持するための維持費もかかり、利用台数の少ない道路では、それらの費用を開通後の通行料収入だけでまかなえないことがあるから。

410. 京都で停まるため。

411. ①再就職が難しい年齢だから。
②不況で就職自体が難しくなっているから。

412. 駅の券売機などに新札を対応させたりと、需要が拡大するので。

413. 海外から安くてよい製品がたくさん入ってきてしまうので。

414. 近年、日本の貯蓄率が下がっているのはなぜですか。

（城西川越中）

415. 年金は、何のために、どのようなことを行う仕組みですか。

（神奈川学園中）

416. 下のグラフは年齢層ごとの総人口に対する働いている人の割合を示したものです。グラフ中のＡの期間が男性と比べて落ち込んでいるのはなぜですか。

（戸板中）

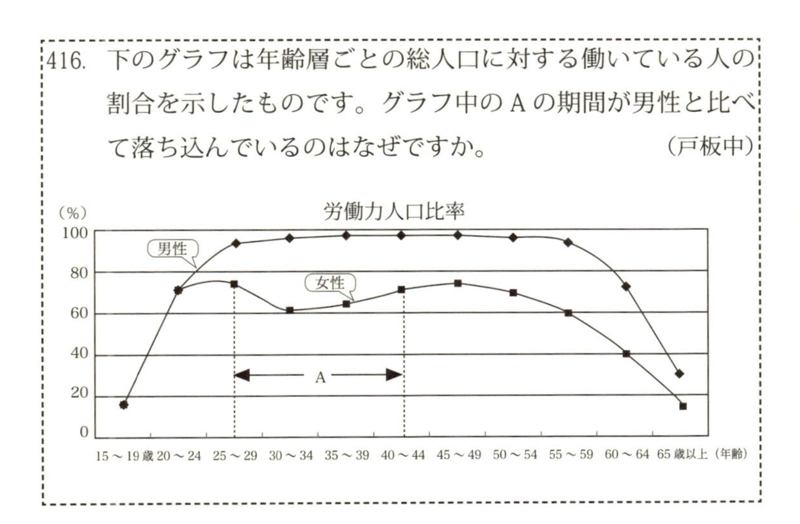

417. 2013年、安倍首相が物価上昇率を２％に設定し、インフレを目指したのはなぜですか。

414. 不況が長引いているので。

415. 働けなくなった高齢者に、生活の保障をするための仕組み。

416. 20 代後半になると結婚、出産後に家事、育児のために仕事をいったん辞める人が増えるから。

417. デフレを脱却させ、物価を上げることで経済を活発にし、企業や個人の収入が増えると、国の税収も増えるから。

418. 2013年から安倍首相が経済政策の一つとして「成長戦略」を打ち出し、規制をゆるめたりしたのはなぜですか。

419. 2013年から2014年にかけて、アベノミクスによって円安などが進んだにもかかわらず、生活が苦しくなったという人たちがいます。これはなぜですか。

420. 2012年以降、貿易赤字になることが増えています。これはなぜですか。（3つ）

421. 2008年以降、2012年くらいまで日本で円高が進んだのはなぜですか。

418. 自由な競争を促し、新規参入を促したりして経済を活発にするため。

→ ほかにもアベノミクスでは、再生医療や新薬の分野など成長が見込まれる分野に対し助成したりしています。

419. 円安によってガソリンや食料品の値段は上がったのに、給料の方はまだ上がっていなかったから。

420. ①尖閣諸島などをめぐって、中国との関係が悪化し、中国への輸出が減ったから。

②東日本大震災以降、原子力発電所が止まり、その発電量を火力発電で補ったので、燃料となるLNG（液化天然ガス）などの輸入が増えたため。

③円安の影響で②の燃料の値段が上がったので。

421. 日本の経済はアメリカやEUよりも安定していると考えられていたから。

→ この背景には、2010年から2012年に起こったギリシャ危機の問題も関係します。ギリシャ危機とは、EUに加盟するギリシャが、実際よりもGDPに対する赤字国債の割合を少なく申告していたことがバレたことによる経済危機です。

422. 2014年4月から消費税は8％に、2019年10月には10％になりました。これはなぜですか。

423. 景気がよくなりかけたときに消費税を上げると良くないと言われることがあるのはなぜですか。

424. すべての国民に番号をふり、税や社会保障などを管理する法律が成立しました。これはどのようなメリットがありますか。（2つ）

425. 上記のマイナンバー制度は良くないと言われることがあるのはなぜですか。

422. 社会保障費のための費用を確保し、赤字国債の発行額を減らすため。

→ 高齢化の増加で、社会保障関係費は毎年約１兆円ずつ増えています。

423. 消費税が上がると、買い物を控えて消費が落ち込み、景気が悪くなるかもしれないから。

424. ①納税や社会保障の給付などの業務が管理しやすく、効率がよくなる。

②国民にとっても役所での手続きが簡単になる。

425. 個人情報が漏れて、悪用される危険があるから。

☆公民分野

国際社会・世界

426. 今後（2020年以降）、世界経済は米中両国の貿易戦争の影響で、伸び悩むことが心配されています。それはなぜですか。

427. イギリスがEU離脱（ブレグジット）を進めるのはなぜですか。

428. 2019年、イランの原発施設で使うウランの濃縮度が4.5％以上になり、アメリカをはじめとする諸外国が一層警戒する格好となりました。これはなぜですか。

429. アフリカでは異なる民族集団がともに暮らしている国が多く見られます。これはなぜですか。（大妻中）

426. 今後、多国籍企業と言われるアメリカ企業の生産拠点は、中国以外に移っていくことが予想され、そうなると製品の値段はあがり、消費が落ち込むことが予想されるため。

→ 米中はお互いに輸出入に関して、高い関税をかけあっていますが、アメリカの消費・生産は中国からの輸入品や部品に依存しており、多国籍企業（アップル、グーグルなど）と言われる巨大な企業が多いです。

427. シリアなどからの大量の移民の流入により、社会保障費や教育費が増大したり、自国民の雇用が奪われたため。

428. ウラン濃縮度が高まると、核兵器転用も可能になってしまうから。

→ 一般には平和利用は 5%まで。20%を超えると、核兵器転用可能な 90%に短時間で移行できてしまいます。

429. ヨーロッパの国々がアフリカを植民地とするときに、民族などに関係なく国境を引いたから。

430. 1993年以来増えてきたEU加盟国ですが、もともとの加盟国の人の中には拡大すべきではないという声も聞かれます。これはなぜですか。(2つ)　(宝仙理数インター)

431. 1980年代からすると、世界の核実験の回数は減ってきています。これはなぜですか。　(田園調布中)

432. オーストラリアやカナダのように、世界には英語を使う国が多いのはなぜですか。

433. メルカトル図法などの平面の世界地図が面積、方位、形、距離のすべての要素を正しく表現することができないのはなぜですか。

434. アジアやアフリカなどの発展途上国で人口爆発と呼ばれるほど急激に人口が増えているのはなぜですか。

435. サウジアラビアなどの国では、学校で男女が別々の教室で授業が行われているのはなぜですか。

430. ①新しく加盟する国は、経済力が低い国が多く、EU に加盟することで行き来が自由になると、それらの国の人々がドイツなどの元からの加盟国に流入し、仕事を奪っていくことが考えられるから。
②経済力が低い国が加盟すると、その国を EU の他の国で援助することになり、負担が増えるから。
（※　経済力の低い国の人々は安い賃金で雇うことが可能です）

431. 冷戦と呼ばれる、ソビエト連邦とアメリカ合衆国の対立が改善し始め、1989 年には終結したから。

432. かつてイギリスが北アメリカやアフリカなど世界各地に植民地をもっていたので。

433. 地球は球体で、それを強引に平面に描いていくから。

434. 労働力を確保するために、多くの子どもが必要だから。

435. サウジアラビアはイスラム教国で、宗教上の理由から男女は一緒に行動しないことになっているので。

436. オーストラリアの季節が日本と逆なのはなぜですか。

437. 国際連合が発足したのはなぜですか。

438. 国際連合の総会で、安全保障理事会の常任理事国であるアメリカ、イギリス、フランス、ロシア、中国の5カ国には特に強い権限が与えられています。これはなぜですか。

(学習院女子中)

439. 1992年、日本がPKOとして、自衛隊を派遣するようになったのはなぜですか。

440. 先進国がODA(政府開発援助)という資金援助をするのはなぜですか。

441. 1989年、ベルリンの壁が崩壊したのはなぜですか。

442. 1960年が「アフリカの年」といわれるのはなぜですか。

436. オーストラリアは南半球にあるから。

437. 第二次世界大戦を防ぐことができなかったのでその反省を生かし、世界の平和と安全を守るため。

438. これらの国は第二次世界大戦の戦勝国だから。

439. 1991 年の湾岸戦争をきっかけとして、日本の国際貢献が問われるようになったので。

440. 発展途上国の産業を発展させ、人々の生活を向上させるため。

441. 1980 年代半ば、ソ連などの社会主義国では、政治や経済の行きづまりが明らかになり、民主化を求める運動が行われるようになったので。

442. 1960 年に、アフリカから 17 カ国が相次いで独立したので。

443. 1962年、キューバ危機が起こったのはなぜですか。

444. テロ（テロリズム）とはなんですか。

445. 核兵器保有国が核兵器をもつのはなぜですか。

446. ヨーロッパではEUなど、政治統合をすすめようとしているのはなぜですか。

447. EUの加盟国では国が違っても同じ通貨、ユーロが使われています。これはなぜですか。

448. 1970年代、アメリカと日本の間で貿易摩擦が起きたのはなぜですか。

443. 1959年にアメリカにほど近いキューバが社会主義国になり、ソ連がキューバにミサイル基地を作ろうとしたので。

444. 暴力や殺人、破壊活動によって、政治上の主張を実現させようとすること。

445. 自分の国が核兵器をもてば、報復（仕返し）をおそれて、核による先制攻撃をしないだろうと考えているので。

446. 政治統合をしていれば、加盟国同士の戦争が起こりにくいから。

447. ユーロによって、各国の物価の差を考えずに、商品の価格や賃金などを比べることができるなど、製品を流通させて加盟国間の経済活動を活発にするため。

448. 石油危機以降、燃費がよくて故障の少ない日本の車がアメリカで多く売れるようになったので。

449. 日本がアメリカに自動車工場などを作ったのはなぜですか。

450. 1985年以降、日本企業のアジア進出がすすみましたが、アジア諸国も工場建設を歓迎しました。これはなぜですか。

451. 国際競争力に優れた製品が海外から入ってくると、関税をひきあげたりして、保護貿易になってしまうのはなぜですか。

452. 発展途上国の多くが貿易赤字なのはなぜですか。

453. 1990年代以降、アメリカが輸入自由化を日本に求めてきているのはなぜですか。

454. 国連総会では、一国一票制の表決方式がとられていますが、問題点もあります。それはどんな問題ですか。（2つ）

（開智中）

449. アメリカの人々を雇い、アメリカに税金を納めることで、貿易摩擦の解消に努めたので。

450. 日本の高い技術を取り入れることになるため。

451. 国内の産業を守るため。

452. 価格が不安定で低くなりがちな工業の原料を先進国に輸出し、機械や高品質の高価な製品を先進国から輸入しているため。

453. ①変動為替相場性になり、円高がすすんだため。
②現地生産がすすんだので。

454. ①国連分担金を多く出している国もそうでない国も等しく１票しかなく不公平である。
②人口が多い国も少ない国も、等しく１票しかなく不公平である。

455. 数ある兵器の中でも、地雷が条約によって禁止されたのはなぜですか。（自修館中）

456. 近年、世界的な食糧不足が心配されていますが、それはなぜですか。（国府台女子学院中）

457. 2013年、2019年と横浜市でアフリカ開発会議（TICAD）が開かれました。世界がアフリカ大陸に注目するのはなぜですか。（2つ）

458. 2013年4月武器貿易条約（ATT）が採択されました。これはなぜですか。

459. 2013年7月クロアチアがEUに加盟しましたが、クロアチアは当面の間ユーロを導入しません。これはなぜですか。

455. 地雷は安価に作れる上、大量にまくので、一般市民が被害にあいやすいので。

456. 人口は爆発的に増えているのに、農地は増えないから。

457. ①アフリカには金や銅、ダイヤモンドなどの資源が多く、これらのおかげで大幅な経済成長がなされたから。
②今後、さらに人口が増え、巨大な市場になると予測されており、援助の対象ではなく、投資や貿易の対等なパートナーに変化しつつあるから。

458. 戦車や戦闘機、銃などの各種武器を国際的に管理し、人権の弾圧やテロに使われないようにするため。

459. EU では加盟国間の経済格差が大きく、ギリシャ危機のような共通通貨ユーロをめぐる経済危機の不安が残っているので。

460. 2013年8月化学兵器を多く使うシリアに対して、アメリカ軍がアサド政権に対して攻撃を行う姿勢を見せましたが、攻撃は回避されました。これはなぜですか。

461. 化学兵器の使用が通常兵器よりも問題視されるのはなぜですか。

462. 中国の経済発展が食料や資源の価格を押し上げると心配されています。これはなぜですか。

460. アサド政権と親しいロシアが化学兵器を国際社会で管理することを提案したので。
→ その後、シリアは化学兵器禁止条約に加盟しました。

461. 比較的簡単に製造できる上、一度使用されると多くの犠牲者を出すので。

462. 中国の経済発展が進むと中国国内で食料や資源の需要が高まって大量に輸入するようになり、国際的に供給が不足してしまうから。

☆公民分野

環境問題・世界遺産・時事問題

463. 百舌鳥・古市古墳群が世界遺産になりましたが、陵墓を観光向けに一般公開することには慎重な姿勢を見せています。これはなぜですか。

464. 世界遺産が、ヨーロッパなどの先進諸国に偏っているのはなぜですか。（２つ）

465. 石見銀山など、世界遺産までの交通の便が不便なところもあります。それはなぜですか。

466. 2020年の東京オリンピックでは、チケットの販売が、公式チケット販売サイトで抽選で行われたり、公式転売や二次抽選以降もサイト上で行う複雑なものになっています。これはなぜですか。

463. この陵墓は天皇家に関連する可能性があり、単なる文化財とは言えず、保全性が問題になるため。

464. ・元々世界遺産条約は先進国主導で決められたため。
・発展途上国では、莫大な費用がかかる遺産の保存・管理が難しいため。

465. 先進国に木材などを輸出するために伐採することも多いから。

466. 買い占めや不正な転売をふせぐため。

467. テレワークと言われる、会社に行かずに自宅などで勤務する働き方がオリンピック期間中に推奨されたのはなぜですか。

468. 有害物廃棄の輸出入の規制について定めたバーゼル条約の改正が行われ（2019年5月）、プラスチックごみの輸出が規制されました。世界でプラスチックごみの規制が強化されているのはなぜですか。

469. 日本ではまだ食べられるのに捨てられる食品、食品ロスが諸外国よりも多い傾向にあります。これはなぜですか。

470. 昨今問題となっている熱帯雨林の伐採に、先進国が関係していると言われるのはなぜですか。

471. 近年、台湾・中国や韓国からの観光客が増えています。これはなぜですか。「日本に近い」以外の理由を答えなさい。

467. オリンピックによる交通渋滞や交通機関の過剰な混雑を避けるため。

468. プラスチックごみから出るマイクロプラスチックが海洋を汚染し、食物連鎖による生物濃縮によって、海洋生物以外へも影響が出るようになってきたから。

469. 日本には、製造日から賞味期限までの最初の３分の１の期間までに小売店に納品し、次の３分の１までに消費者に売り、最後の３分の１になると廃棄しなければならない、という「３分の１ルール」があるから。
→ これは、アメリカでは「２分の１」、ヨーロッパの多くの国では「３分の２」になっています。

470. 先進国に木材などを輸出するために伐採することも多いから。

471. 近年、これらのアジア諸国は経済が急成長し、生活に余裕が生まれた人が多くなってきたので。

472. 都市部では短時間の豪雨で川が氾濫したり、交通網がマヒしてしまうのはなぜですか。　（大妻中野中・学習院女子）

473. 地方公共団体がゴミ袋の指定などをして、ゴミの有料化をはかったのはなぜですか。

474. ナショナルトラストを住民たちがするのはなぜですか。

475. 2002年、名古屋市にある藤前干潟の埋め立てが断念されたのはなぜですか。

476. ツバルという南太平洋にある国では国土が沈んでしまうことが心配されています。これはなぜですか。

477. 地球の環境問題が現在のようになっているのはなぜですか。（3つ）

472. 地表面の多くがアスファルトに覆われていて、大量の雨が地中に吸収されにくいため。

473. ゴミの減量化をはかるため。

474. 美しい自然や歴史的な建物などを開発の計画などから守るため。

475. 環境アセスメントにより、干潟を埋め立てると、渡り鳥と干潟の環境に影響を及ぼすと判断されたので。

476. 地球温暖化がすすみ、南極などの氷がとけ海面が上昇すると考えられているので。

477. ①先進国が資源やエネルギーを大量に消費したので。
②自然に存在しない化学物質をたくさん作ったので。
③発展途上国で貧困や人口が急増したので。

478. 地球温暖化が起こったのはなぜですか。（２つ）

（東京学芸大学附属世田谷中、女子聖学院中）

479. オゾン層の破壊が起こったのはなぜですか。

480. 1995 年、フロンガスが全面的に禁止されましたが、代替フロンも規制しなければいけない状況になっています。それはなぜですか。

481. 熱帯雨林の伐採がすすむのはなぜですか。（２つ）

482. 砂漠化が起こるのはなぜですか。（２つ）　（大宮開成中）

483. 酸性雨が起こるのはなぜですか。

478. ①地中にあった化石燃料を燃やしているので。
②森林の伐採がすすみ、二酸化炭素の吸収量が減ったので。

479. 冷蔵庫やクーラーなどに使われていたフロンガスが極地域にたまったので。（→理科編の解説参照）

480. フロンガスの代わりに使われた代替フロンには、二酸化炭素の数千倍の温室効果があることがわかったから。

481. ①熱帯雨林のある発展途上国では、森林資源や畜産物が先進国への重要な輸出品となっているので。
②食料を増産するために焼き畑を行ってきたので。

482. ①長く雨が降らずに水が不足する干ばつが起こるため。
②過度の放牧・伐採が行われるため。

483. 自動車が排気ガスを出したり、工場や火力発電所が化石燃料を燃やし、硫黄酸化物や窒素酸化物が放出され、大気中の水蒸気に溶け込むため。

484. 地球環境問題が解決しにくいのはなぜですか。（３つ）

485. 環境問題を解決するにあたり、「南北問題」が問題になってくるのはなぜですか。

486. 1997年、京都会議により採択された京都議定書は十分な効果が期待できないといわれています。それはなぜですか。

487. 1990年、バブルがはじけたことで大量の不良債権が生じたのはなぜですか。

488. 近年、包括的核実験禁止条約（CTBT）の効果が危ぶまれています。それはなぜですか。（２つ）

484. ①日常生活に密接にかかわり、化石燃料なしの生活にすぐにすることは難しいので。
②原因の究明が難しいので。
③国をこえた取り組みが必要だが、各国の事情が異なるので。

485. ある程度の開発がすすみ、環境を大事にすることを重視する先進国と、まずは経済を発展させて自国の開発をすすめたい発展途上国の間に、意見の食い違いが生じやすいから。

486. 二酸化炭素の大きな排出国であるアメリカが議会の否決により、脱退したため。

487. 企業がお金を借りるときに担保として差し出していた土地の価格が下がったため、銀行が貸した金額を回収できなくなったので。

488. ① 1998 年にインドとパキスタンが相次いで核実験をし、核保有を宣言したから。
② 2001 年にアメリカが CTBT への不参加を表明したから。

489. 2001年、アメリカがアフガニスタンを攻撃したのはなぜですか。

490. 2003年、アメリカがイラクを攻撃したのはなぜですか。

491. PKOなどの一連の流れにより、自衛隊が憲法違反だといわれるおそれがあるのはなぜですか。

492. 日本が中国に政府開発援助を行ってきたのはなぜですか。

493. 1992年の京都会議で先進国は二酸化炭素削減の義務が定められたのに、発展途上国にはありません。これはなぜですか。 （お茶の水女子大学附属中）

494. 世界遺産である広島の原爆ドームが、負の遺産とよばれるのはなぜですか。 （東京学芸大学附属竹早中、白百合学園中）

489. 2001 年に起こった同時多発テロのグループをアフガニスタンがかくまっているとしたので。

490. イラクが、核兵器をふくむ大量破壊兵器を開発しているとの疑いがあったので。

491. アメリカ軍の軍事行動と一体化するおそれがあり、戦力を持つことを禁止している憲法に違反するので。

492. 1972 年、日中共同声明が出されたとき、中国は第二次世界大戦時の賠償請求権を放棄したので、その見返りとするため。

493. ①現在の温暖化問題は、先進国の発展によって引き起こされたものだから。
②発展途上国は、経済発展を優先させることが大事だから。

494. 核兵器の恐ろしさを伝えるものだから。

495. ヒートアイランド現象が起こるのはなぜですか。（2つ）
（山手学院中）

496. 八百屋で買い物をする場合と、スーパーマーケットで買い物をする場合を比べると、スーパーマーケットの方がごみの出る量が多いです。これはなぜですか。（恵泉女学園中）

497. 2013年4月28日、日本が独立を回復したことを祝う「主権回復の日」の式典が東京であったのですが、その同時刻に沖縄ではこの式典に反対する集会が開かれました。これはなぜですか。

498. 2013年4月、日本政府とアメリカ政府は普天間基地を2030年以降に日本に返還することを合意しましたが、これに反対の声も聞かれます。これはなぜですか。

499. アメリカ軍が開発した高速輸送機オスプレイは高い性能を持つのに反対の声があるのはなぜですか。

495. ①都市部には建物が立て込んでいて、各建物から排出されたエアコンの熱気が逃げにくくなっているから。
②地面の多くがアスファルトで固められているため、熱がたまりやすくなっているから。

496. スーパーマーケットの方が、包装が多いので。

497. 沖縄には今なお多くのアメリカ軍基地が残されているので。

498. サンゴ礁の美しい辺野古市の海を埋め立て、そこにアメリカ軍基地の機能を移すことが前提となっており、沖縄の人たちは県外移設を求めているから。

499. オスプレイは世界各地で死亡事故を起こしていて、安全性に疑問があるので。

500. 前記に関して、日本政府はオスプレイの配備をすすめています。これはなぜですか。

501. 日本にいるアメリカ軍の権利などを定めた法律、日米地位協定の改定をすすめる声があるのはなぜですか。

502. 中国でPM2.5と呼ばれる有害物質による大気汚染が深刻化しています。これはなぜですか。

503. 北朝鮮が何度も核実験を行うのはなぜですか。

504. 富士山が世界遺産として登録されましたが、自然遺産ではなく、文化遺産としてでした。これはなぜですか。

505. 富士山に登る際に登山者から入山料を取っています。これはなぜですか。

500. 大地震などの災害時にアメリカ軍によるより効果的な救助支援ができるから。
→ 自衛隊に配備する計画もあります。

501. アメリカ軍の兵士が問題を起こしても、日本の警察がすぐに調べられないなどの治外法権が認められているから。

502. 中国が経済成長したことにより、自動車や火力発電所などでの石炭の利用が増えたから。

503. 核保有国であることを国際社会に示し、北朝鮮に対して厳しい姿勢をとるアメリカとの直接交渉する狙いがあるため。

504. ゴミ問題などが解決されず推薦が見送られたが、富士山を信仰する人々がいたことや、富士山を描いた浮世絵などの芸術がヨーロッパにも影響を与えていたことで文化遺産としての重要性が認められたため。

505. 富士山の環境を守っていくために、入山者数を制限するため。

あとがきにかえて

500問強。理科に比べても多い問題数になってしまいました。やはり中学受験の社会はなかなか大変です。でも、ここにのっている問題さえやれば、得点能力は飛躍的にあがるでしょう。

この問題集をこなしていただいたら、あとは

・その年起こった時事問題
・時事問題に関連する世界地理
・年表による細かい歴史の前後関係
・資料集やインターネットによる写真、資料検索

をされると、磐石になるでしょう。11月ごろに出る「重大ニュース」系の問題集は、今後のためにも1冊、読みこなしておくことをオススメします。

論述とならんで、子どもたちが苦戦するのは、細かい年代などをついてくる問題です。日清戦争前後や、戦後史はよく出ます。正確で細かい知識が問われます。これは過去問などで志望校の問題形式をみるのがよいと思います。思い切って、細かいものよりも、論述を重視する学校を受験されたほうがよいこともあるかと

思います。

理科のほうでも書きましたが、やはり理社は「資料集マスター」を目指されるとよいです。サピックスなどでは中学生用の資料集を使っていますし、特に社会はそのような関連書籍は多いです。

また、歴史漫画などの絵でおぼえるのも大変有効です。とにかく、絵で写真で、使えるものはどんどん使って、五感をフルに使っておぼえていきましょう。

この本が、一人でも多くの方々の手にとられ、「最強の学力」を獲得するきっかけとなれば幸いです。

最後に、この本を書くにあたり、私の生徒たち、まおくん、たいちくん、やーまださん、そして、今なお卒業してからも、僕の相手をしてくれるＮ君、Ｙさんに最大の謝辞を贈りたいと思います。いつもありがとう。勉強しろよな。

2020年3月　吉日

長谷川　智也

＜お受験ブルーズのご案内＞

私のブログ「お受験ブルーズ」もありますので、参考にしていただきたく思います。星座占いや中学受験だけでなく、幅広く受験というものを通じていろいろな物事を考えるブログとなっています。私の教育に対する考え方や理念を知っていただけると思います。また、お役立ち情報もたくさん載せています。

http://ameblo.jp/jyukuko/

が URL となっております。よろしくお願いいたします。

＜家庭教師のご案内＞

個人的な家庭教師の案件も承っております。指導歴 15 年を数え、各大手の塾カリキュラムに精通し、さらに日々研鑽もしております私の経験を、一人でも多くの方に使っていただけるなら幸いです。こちらは、交通費さえ出していただければ、遠隔地でもどこでも行きます。

また、高校受験や大学受験にも対応可能です。

hasetomo2009@yahoo.co.jp

ご興味のあるかたは、上記メールアドレスまでお気軽にどうぞ。

■著者プロフィール■

長谷川　智也（はせがわ・ともなり）

兵庫県私立白陵中・高卒。東京大学農学部卒、同大学院中退。
大学１年のころから中学受験専門の家庭教師をはじめ、３年時には所属する派遣センターで「学生トップ」の実績を確立。
在学時よりセミプロとして活動、「クレームのこない講師」と呼ばれる。大手塾勤務を経て現在に至る。主に下位生指導に定評があり、偏差値20台の子を半年で50台にするなど、いかに落ちこぼれさせないかに重点をおいた指導を展開。大手塾勤務などを経て、プロ家庭教師、予備校教師などを精力的にこなしている。

●著書に『算数単語帳』『受験生・親・教師・塾講師…必見星座別勉強法』『中学受験　論述でおぼえる最強の理科』（エール出版社刊）がある。

中学受験
論述でおぼえる最強の社会　改訂４版

2011年 9月 1日　初版第１刷発行
2014年 5月 15日　改訂２版第１刷発行
2018年 1月 20日　改訂３版第１刷発行
2020年 4月 20日　改訂４版第１刷発行

著　者　長谷川　智也
編集人　清水智則　　発行所　エール出版社
〒101-0052　東京都千代田区神田小川町 2-12　信愛ビル４F
e-mail　info@yell-books.com
電　話 03（3291）0306　　FAX 03（3291）0310

乱丁・落丁本はおとりかえいたします。
＊定価はカバーに表示してあります。

ISBN978-4-7539-3476-8

ISBN978-4-7539-3449-2

中学受験国語

文章読解の鉄則

受験国語の **「文章読解メソッド」** を完全網羅！
難関中学の合格を勝ち取るには、国語こそ **「正しい戦略」** が不可欠です
本書が、貴方の国語の学習法を劇的に変える **「究極の一冊」** となることをお約束します

第１章　中学受験の国語の現状
とりあえず読書をしていれば国語の点数は上がるの？／入試によく出る作家（頻出作家）の本は事前に読んでおくと有利なの？／国語も一度解いた問題の「解き直し」はしたほうがいいの？／国語の勉強時間ってどのくらい必要なの？／文章読解の「解き方」なるものは、果たして存在するのか？

第２章　「読み方」の鉄則

第３章　「解き方」の鉄則

第４章　「鉄則」で難関校の入試問題を解く

第５章　中学受験　知らないと差がつく重要語句

ISBN978-4-7539-3323-5

井上秀和著

◎本体 1600 円（税別）